Weisheitsgeschichten

Ekkirala Krishnamacharya

# Weisheitsgeschichten

Edition Kulapati

Erste Auflage 2004



Bibliografische Information Der Deutschen Bibliothek

Die Deutsche Bibliothek verzeichnet diese Publikation in der Deutschen Nationalbibliografie; detaillierte bibliografische Daten sind im Internet über http://dnb.ddb.de abrufbar.

Weisheitsgeschichten / Ekkirala Krishnamarya. –
1. Auflage – Wermelskirchen : Edition Kulapati, 2004
Einheitssachtitel: Master E.K.'s Wisdom Tales <dt.>
ISBN 3-930637-28-6

Übersetzung, Lektorat und Produktion dieses Buches wurden durch das gemeinsame Bemühen von Personen realisiert, die sich dem Werk von Dr. Ekkirala Krishnamacharya verbunden fühlen.

Druck und Bindung: Fischer & Borowsky GmbH, Köln

Printed in Germany

# Inhalt *



* Hinweis:
Die kursiv gedruckten Sanskrit-Begriffe sind im Anhang als Glossar in alphabetischer Reihenfolge vom Herausgeber aufgelistet worden. Die angegebenen Seitenzahlen weisen auf die entsprechenden Textstellen hin.

Meister EK

Weisheitsgeschichten

# Vorwort

Schon immer galten Geschichten als bezauberndste Art der Weisheitsübermittlung. Daher ist dieses Prinzip uralt. Die Seher aller Zeiten vermittelten komplizierte Weisheitsprinzipien durch erhellende und einfache Geschichten. Für Hörer und Leser waren sie interessant. Wenn die Geschichten gut erzählt werden, hören die Menschen sehr aufmerksam zu.

Ein guter Lehrer ist auch ein guter Geschichtenerzähler. Meister EK war für seine Erzählkunst bekannt. Zum Teil spielte er sogar seine Geschichten, während er sie erzählte, und die Zuhörer waren von der Geschichte und ihrer Darstellung gefesselt. Man wusste, dass er viele Dimensionen des Lebens meisterhaft beherrschte, und seine Erzähltechnik war herausragend.

Wer ihm zuhörte, erinnert sich bis heute an die Geschichten, an die Weisheitsprinzipien dahinter, an die Art seiner Aussprache und an sein Gebärdenspiel beim Erzählen. Durch seine Lehren inspirierte Meister EK viele Menschen, sich auf den Weg der Rechtschaffenheit zu begeben, und unweigerlich erzählte er bei jedem Vortrag auch eine

Geschichte. Wenn er über Homöopathie sprach, konnten sich die Zuhörer aufgrund seiner Beschreibung des Medikaments, das er verabreichte, einen Patienten vorstellen. Das war eine seiner besonderen Fähigkeiten.

Unermüdlich sammeln die Anhänger von Meister EK seine Lehren und veröffentlichen sie. Dieses Ritual setzen sie sogar noch heute fort – 19 Jahre, nachdem der Meister seinen Körper verließ. Das zeugt von dem tiefen Eindruck, den er im Bewusstsein seiner jungen Schüler hinterließ. Jene, die inspiriert wurden, sammeln die Lehren des Meisters in jeder Form und jeder Sprache. Sie bringen sie in eine Ordnung, zeichnen sie auf und veröffentlichen sie.

Die Gruppe seiner Anhänger, die die Werke von Meister EK zusammenstellt, kann stolz auf die vorliegende Sammlung von 40 Geschichten sein. Jede der so entstandenen Veröffentlichungen ist ein symbolischer Segen des Meisters.

Mögen diese Geschichten den Lesern helfen, Weisheitsschlüssel zu finden, die ihr Verstehen bereichern.

K. Parvathi Kumar

Visakhapatnam, 18. Juli 2003

# Es ist deine Frau!

„Möge die Gnade des Herrn mit dir sein." Mit diesen Worten wurde Shyam von seinem *Guru* gesegnet, als er sich vor dem *Sanyâsi*, der in Lotus-Haltung saß, niederwarf. Shyams gefaltete Hände berührten die Zehen des *Sanyâsi*, während er ihm seine Ehrerbietung erwies. Der *Sanyâsi* saß vor seiner Hütte unter einem Ficus religiosa.

Shyam: „*Swâmi*, ich komme zu dir, um deinen Segen zu erhalten, damit es mir möglich ist, Wissen über mein früheres Leben zu erhalten."

*Sanyâsi*: „Als ob das Durcheinander des gegenwärtigen Lebens nicht reichen würde, um dein empfindliches Denkvermögen niederzudrücken. Warte. Die Natur weiß es besser."

Hingebungsvoll setzte sich Shyam hin und bat: „Mit Hilfe deiner Gnade möchte ich dieses Wissen erhalten. Ich weiß, dass du die Fähigkeit hast, meine mentale Dimension zu öffnen, so dass sie bis in mein vorheriges Leben reicht."

Der *Sanyâsi* lächelte, und seine wohlgeformten Zähne funkelten durch seinen Schnurrbart. Behutsam berührte er mit seinem Daumen Shyams Stirn und sagte ihm Lebewohl.

Shyam gehörte einer orthodoxen indischen Familie an. Er übte *Yoga* und Meditation und nährte die Hoffnung, spirituelle Kräfte zu bekommen. Sorgfältig studierte er die großartigen Bücher über das Leben verschiedener *Mahâtmâs* und berührte die Füße vieler *Sâdhus*. Jetzt fühlte er sich überglücklich, weil er den Segen empfangen hatte, Wissen über sein vergangenes Leben zu erhalten. So hoffte er, zu gegebener Zeit die entsprechende Enthüllung zu bekommen.

Der Abend war mit dem milden, bewölkten Himmel eines indischen Juni-Monats sehr angenehm. Als er in die Stadt zurückging, neigten die hohen Bäume am Stadtrand gemächlich ihre Wipfel zu den pfeifenden Klängen der kühlen Brise, die durch die Blätter strich.

Shyam war frisch verheiratet, doch er fühlte sich nicht sehr zu seinem Haus und zu seiner jungen Frau hingezogen. In Wirklichkeit war er nicht sonderlich von der Treue und Ehrlichkeit seiner Frau überzeugt. Plötzlich wurden seine Augen von einer Bewegung angezogen, und er sah, dass seine Frau wenige Schritte vor ihm die Straße überquerte. Ein kräftiger junger Mann folgte ihr, und beide gingen Hand in Hand. „Sehe ich nicht richtig?", fragte sich Shyam und zuckte vor Aufregung. Er ging etwas schneller. Die ganze Stimmung war wie ein Traum, und sich selbst empfand er wie berauscht. Trotz der sanften Brise hatte er das Gefühl, dass die Luft zum Ersticken war. Der junge Mann war mit seiner Frau in ein lebhaftes Gespräch vertieft. Er lächelte, und auch seine Frau lächelte! Shyam konnte seine eigenen Gefühle nicht begreifen. Schweigend folgte er ihnen, als sie sich einem Filmtheater näherten. Offensichtlich waren die beiden in das Programm vertieft und freuten sich auf den Film. Sie kauften Eintrittskarten, aßen im Restaurant und gingen dann ins Kino. Shyam folgte ihnen und war ganz in die Beobachtung ihrer Bewegungen versunken. Als die Lichter ausgingen und die Vorführung begann, schlich Shyam herein und setzte sich mit kläglichem Blick an die Seite seiner Frau. Sie wandte sich dicht zu dem jungen Mann hin, der auf der anderen Seite saß und war in das Gespräch mit ihm vertieft. Nach einiger Zeit schnaubte Shyam vor Wut. Schließlich fiel es ihm außerordentlich schwer, sich zu beherrschen. Sein Gesicht wurde rot, und er sprach seine Frau sanft an, dass sie sich zu ihm drehen sollte. Zuerst wollte sie überhaupt keine Notiz von ihm nehmen, doch da er sie immer wieder ansprach, drehte sie sich für den Bruchteil einer Sekunde mit einem feurigen Blick zu ihm um. Auf der Leinwand sah man, wie ein heftiger Sturm auf dem Meer tobte und ein Schiff im Sturm auf den hohen Wellen tanzte. Es war ein Abbild von Shyams Denken, das vor Wut schäumte. Er zog die Frau an seine Seite und brüllte sie an: „Was soll das Ganze?"

„Du Flegel, bei dir stimmt wohl etwas nicht?", schrie sie erschreckt und schlug Shyam kräftig auf die Wange.

„Immer mit der Ruhe. Warte einen Moment. Ich kümmere mich darum", sagte der junge Mann, während er die Frau beruhigte. Unvermittelt stand er auf und ging zu Shyam. Ein paar Sekunden lang betrachtete er Shyam aufmerksam und sagte dann: „Oh je, der Arme! Er ist verrückt. Entspanne dich erst einmal mit einer Zigarette." Er nahm eine Zigarette, steckte sie vorsichtig zwischen die Lippen der Frau und zündete sie an.

Shyams Kopf drehte sich. Ihm war, als würde er aus einem Traum erwachen. Ruhig kam er aus dem Kino und ging die ganze Strecke zur Einsiedelei des *Sanyâsi* hinunter. Nachdenklich erzählte er dem *Sanyâsi* die ganze Begebenheit und bat ihn zu erklären, weshalb sich seine Frau ihm gegenüber so treulos verhielt, obwohl er gut und freundlich zu ihr war.

Der *Sanyâsi* lächelte und sagte: „Beruhige dich, mein Junge. Es ist deine Frau in deinem vorherigen Leben. Ihr derzeitiger Ehemann ist der kräftige junge Mann, der so freundlich zu dir war. Jetzt, wo der Zauber deiner Projektion in dein vorheriges Leben vorbei ist, kannst du in aller Ruhe nach Hause gehen und dort deine jetzige Frau antreffen. So etwas nennen wir *Samsâra,* mein Junge."

## Die göttliche Gegenwart

„*Pranams Swâmiji,* zu deinen Lotusfüßen. Wir beugen uns vor dir nieder, weil wir dich als unseren *Guru* haben möchten. Bitte führe uns in ein *Mantra* ein."

Der *Swâmiji* segnete sie und fragte: „Warum?"

Einer der beiden Jünger antwortete: „Damit wir die Erlösung erreichen."

„Erlösung! Ihr bittet um etwas, von dem ihr keine Vorstellung habt. Ihr habt gehört, wie jemand dieses Wort benutzte. Das ist gut. Ich bin in Eile, denn ich reise in den Himalaya und kehre erst in einem Jahr zurück. Ich werde euch ein *Mantra* geben, dem ihr folgen und bei dem ihr bleiben sollt. Dazu mache ich euch zwei Auflagen: Erstens solltet ihr nicht lügen und zweitens nicht schlecht von anderen denken. Befolgt dies sorgsam und kommt nach meiner Rückkehr zu mir."

* * *

„Heute, nach einem Jahr, verbeugen wir uns zu deinen Lotusfüßen."

„Ich freue mich, euch beide zu sehen. Ich hoffe, ihr habt meine Auflagen genau gefolgt, während ihr das *Mantra* regelmäßig gesungen habt."

Einer der beiden Jünger sagte: „*Gurudev*, ich habe beide Befehle noch gründlicher befolgt als du erwartet hast. Ich habe nicht vergessen, dass du die Fähigkeit des Hellsehens und Hellhörens hast. Jetzt bin ich bereit, das nächste *Mantra* zu erhalten."

„Dann hast du auf dieser Ebene Vollkommenheit erreicht. Du befindest dich über dem Stand meines Verstehens und musst dir deshalb einen größeren *Guru* suchen." Der Jünger glaubte ihm und ging.

Der *Swâmiji* rief den zweiten Jünger und fragte: „Wie ist es dir ergangen?"

Ergeben faltete der Jünger seine Hände und sagte: „Es ist an dir, das zu beurteilen und zu entscheiden. Wenn du meinst, dass ich für ein neues *Mantra* reif bin, dann gib es mir bitte. Falls du mich für noch nicht tauglich hältst, dann führe mich, so dass ich tue, was dir gefällt."

Da sagte der *Guru*: „Mein Junge, du bist auf dem richtigen Weg. Ich weiß, dass du während des ganzen Jahres weder gelogen noch schlecht über jemanden gedacht hast. Im Verlauf deiner Arbeit hattest du eine Menge Schwierigkeiten mit vielen Leuten. Oft befandest du dich in Situationen, die dich in Versuchung führten. Was hat dich davor bewahrt, zu lügen oder schlecht von anderen zu denken? War es deine angeborene Tugend oder die Vorstellung, dass ich dich mit Hilfe meiner übernatürlichen Fähigkeiten beobachte?"

In aller Bescheidenheit antwortete der Jünger: „Mein Herr, ich kann nicht wagen zu behaupten, dass ohne die Hilfe deines Einflusses meine angeborene Tugend hervorkommen und mit mir arbeiten konnte. Die Vorstellung, dass du immer bei mir bist, bewahrte mich vor den zwei Gefahren und schulte mich während des ganzen Jahres."

„Dann sage mir, wer dich das ganze Jahr über bewahrt hat", wollte der *Guru* wissen.

„Du selbst warst es, mein Herr", kam die Antwort.

Wieder fragte der *Guru*: „Hat dich deine Überzeugung von meiner Gegenwart oder meine Gegenwart selbst gerettet?"

„Mein Herr, ich habe mir immer vorgestellt, dass du mich beobachtest", antwortete der Jünger.

„Dann hat dich deine Vorstellung von mir gerettet, und deine Vorstellung ist ein Teil deines Denkens. Also ist der *Guru* deine Vorstellung von deinem *Guru*. Tatsache ist, dass deine Vorstellung selbst dein *Guru* ist, der dich bewahrt hat. Bedenke, dass es immer dein Denken ist, dass dich retten und bewahren kann, indem es sich in deine Gegenwart erhebt, die sich nicht von meiner Gegenwart in dir unterscheidet. Sieh, der *Guru* lebt im Jünger, und der Jünger lebt im *Guru*. Das ist die göttliche Gegenwart, in die ich dich heute einführe. Jetzt kannst du gehen und dich in die weite Welt begeben. Wo du auch hingehst, du bist in mir, und ich bin in dir. Möge der Herr ICH BIN dich segnen."

## *Sanyâsi*

Es war in jenen Tagen, als *Janaka* von seiner Hauptstadt *Videha* aus regierte. Sein Freund und Klassenkamerad Swayamsiddha lebte in *Prayâga*. Er war ein glühender Aspirant auf dem Weg der Befreiung. Bis vor kurzem hatte er noch nicht geheiratet, weil er im Zölibat leben wollte, aber auf *Janakas* Rat hin heiratete er schließlich doch. Sein einziger Sohn Samyathi war ein verwöhntes Kind. Der Junge wuchs zu einer widerspenstigen und eigenwilligen Person heran, und er hatte seine eigene Art von spirituellen Übungen. Sein einziger Wunsch war, unverheiratet zu bleiben und ein *Sanyâsi* zu werden. Immer wenn er auf seine Eltern wütend war, erschreckte er sie mit diesem Gedanken.

Sein Vater war so geduldig, dass er sich dieses Verhalten lange Zeit gefallen ließ. Schließlich sagte er: „Schau her, mein Junge. Niemand in dieser Welt wird auch nur im geringsten davon betroffen, wenn du ein *Sanyâsi* wirst. Deine zukünftigen Kinder wird ein anderer Vater bekommen, der weiser ist als du. Ich möchte nur, dass du Vollkommenheit erreichst, bevor du ein *Sanyâsi* wirst. Es gibt ein

Sprichwort: Das Kraut in deinem eigenen Garten wird nicht als Heilkraut geachtet. Da dir nichts daran liegt, aus meiner Anwesenheit für deinen spirituellen Weg Nutzen zu ziehen, rate ich dir, zu König *Janaka* zu gehen, um ein *Darśan* zu erhalten. *Janaka* ist mein Klassenkamerad. Danach tue, was du möchtest. Dies ist mein einziger Wunsch."

Samyathi ging in *Janakas* Stadt, wie ihm sein Vater geraten hatte. *Janakas* Hauptstadt *Videha* war sehr schön und hatte viele Tore. Als Samyathi sich dem Haupttor näherte, wurde er angehalten, und man bat ihn zu warten. Der Wachposten am Tor sagte: „Du kannst jetzt nicht eintreten, da es noch nicht an der Zeit ist."

„Weshalb? Warum sollte irgendjemand warten?", fragte Samyathi.

Unser König verbringt seine Zeit mit einigen seiner jungen Frauen am Hof", antwortete der Wächter.

„Weißt du, wer ich bin?", fragte Samyathi ein bisschen verärgert.

„Ja, ich weiß es. ICH BIN, mein Selbst ist es", erwiderte der Wächter mit einem Lächeln.

„Deine Antwort ist ebenso unverschämt wie bedeutungslos", bemerkte Samyathi.

„Es ist nicht nur eine Erwiderung, sondern auch die Antwort, die nur allzu wahr ist und auf jeden zutrifft. Verstehe, dass ICH der Bewohner in jedem bin."

„Aber ohne den Rat meines Vaters wäre ich nicht zu den Toren deines Königs gekommen, der Frauen lieber mag als Männer. Tatsächlich hatte ich gehofft, durch die Lehren deines Königs eine gewisse Offenbarung zu erhalten. Bitte entschuldige, wenn ich mit meinen Bemerkungen offen und direkt bin", sagte Samyathi.

Der Wachposten schaute in seine Augen und antwortete: „Das macht nichts. Wie könnten wir Wachposten am Tor desjenigen sein, der *Brahman* kennt, wenn wir durch deine Bemerkungen verärgert wären? Du behauptest ein spiritueller Aspirant zu sein. Wenn du zufrieden bist, weil du eingelassen wirst, und wenn du enttäuscht bist, weil du nicht eingelassen wirst, wie steht es dann um deine spirituelle Haltung?"

„Ja, das ist wahr", sagte der Junge, „gern warte ich, bis ich an der Reihe bin."

„Jetzt kannst du eintreten", sagte der Wächter und erlaubte ihm, geradewegs zu *Janakas* Palast zu gehen.

„Wunderbar. Schon der Wächter scheint ein Funke *Brahmans* zu sein. Wie wird erst die Gegenwart von *Janaka* sein? Ich bezweifle, ob ich vor ihm stehen und mit ihm sprechen kann. Vielleicht mag er nicht einmal mit Jungen reden, die so groß sind wie ich." Während er so nachdachte, durchschritt er viele Tore und wurde unmittelbar zu *Janaka* geführt, der zwischen vielen jungen Frauen saß. Als er vor *Janaka* stand, stellte er sich vor: „Ich bin Samyathi, der Sohn von Swayamsiddha, der dein Klassenkamerad war. Ich erwarte deine heilige Gegenwart."

*Janaka* antwortete nicht. Er warf nicht einmal einen Blick auf den Jungen. Samyathi wurde wütend, und sein Blut kochte in seinen Adern. Nach einer Minute erhob sich *Janaka* mit einem demütigen Lächeln, kam zu dem Jungen und sagte: „Ich heiße dich willkommen. Du bist für etwas Edles geboren. Ich bin beglückt, heute deine Gegenwart zu haben."

*Janaka* hob ihn auf ein Podest, wusch seine Füße und besprengte mit dem Wasser voller Verehrung seinen eigenen Kopf und die Köpfe der anderen Leute. Alle neigten ihre Köpfe und verbeugten sich anerkennend.

Samyathi erstickte fast vor Freude und sprach zu sich selbst: „Nie hat mein Vater meinen Wert so erkannt. Dieser König ist wirklich erleuchtet, und er weiß alles. Deshalb konnte er mich verstehen. Tatsächlich hatte ich bis zu diesem Augenblick keine Vorstellung von mir selbst.“ Dann stand er auf und segnete den König und alle, die bei ihm standen.

Alle setzten sich, als *Janaka* aufstand und sagte: „Oh, du großes Wesen! Weißt du, dass spirituelle Seelen durch Kränkungen nicht die Ruhe verlieren und durch Schmeicheleien nicht in Hochstimmung geraten? Es ist sehr bedeutungsvoll, dass deine Anwesenheit bei dieser Zusammenkunft uns die Augen öffnet. Jetzt ist es Zeit für meine Hoftänzerin, mit ihrer Vorstellung zu beginnen. Ich präsentiere dir eine Tanzvorstellung, die Seltenheitswert hat. Du wirst sie sicher zu schätzen wissen.“ Bei diesen Worten machte *Janaka* eine Handbewegung, und die Vorführung begann.

Eine junge Frau von seltener Schönheit betrat die Bühne. Auf ihrem Kopf trug sie einen sehr großen runden Metallteller, auf dessen Rand viele Öllampen mit Dochten brannten. In der Mitte stand ein Topf voll Wasser. Ein weiterer Teller, der etwas kleiner und ebenfalls mit Lampen und einem kleineren Topf bestückt war, wurde auf den ersten Topf gesetzt und ausbalanciert. In dieser Art wurden sieben Teller mit sieben Töpfen senkrecht aufeinander gestellt, so dass sie einen Kegel auf dem Kopf der Tänzerin bildeten. Sie begann langsam zu tanzen. Nach kurzer Zeit wurde der Tanz schneller, und die Tänzerin fing an zu hüpfen, zu springen und sich in allen Richtungen zu drehen. Manchmal setzte sie sich, legte sich hin und stand dann wieder auf. Die ganze Zeit über hielt sie die Teller in vollkommenem Gleichgewicht. Alle Lampen brannten, ohne zu flackern, und das Wasser in den Töpfen wurde nicht verschüttet.

Der Tanz erreichte seinen natürlichen Höhepunkt, und die Frau verließ sanft und eindrucksvoll die Bühne. Danach drehte sich *Janaka* zu Samyathi um und sagte: „Hör zu! Die Tänzerin steht für den, der auf dieser Erde lebt. Die Lampen brennen, um die zahlreichen psychologischen, psychischen und intellektuellen Kräfte im Menschen darzustellen. Die Wassertöpfe stehen für die vielen Stimmungen, Gefühle, Aspirationen, Erwartungen und Ziele. Die Teller sind die Ebenen der

Wahrnehmung und auch die verschiedenen Ebenen des praktischen Lebens. Dies ist die wahre Weisheit, die über die physische Existenz hinausgeht. Nimm dies als meine erste Einweihung für dich an. Jetzt folge mir, damit du die Methode kennen lernst, wie man die Äußerung der *Veden* in die Tat umsetzt."

*Janaka* nahm ihn bei der Hand und führte ihn zu einem großen Gehege. Dort erblickte Samyathi zwei milchweiße Rinder, die mit einem hölzernen Pflug-Geschirr ins Joch gespannt waren, an dem ein Pflug befestigt war. *Janaka* überreichte ihm eine Peitsche mit einem langen, dünner werdenden Seil und sagte: „Ich gebe dir einen Acker zum Pflügen. Er ist das Feld deiner Handlungen und stellt deinen Körper dar. Die zwei Rinder sind das Paar der Gegensätze, das den Sinn für Polarität, der als Sexualbewusstsein bezeichnet wird, in dir neutralisieren soll. Der Pflug ist dein Wille, der etwas beabsichtigt. Siehst du die Peitsche? Sie steht für deine Geschicklichkeit. Sie hat drei Schnüre, die ordentlich zusammengeflochten sind. Die Schnüre sind weiß, rot und schwarz und stellen die drei Qualitäten in dir dar: Ausgeglichenheit, Aktivität und Trägheit. Dies ist die *Veda*, die meine

Jünger üben. In den ersten Übungstagen macht mehr als die Hälfte aller Aspiranten von der Peitsche Gebrauch, um die Rinder so oft wie möglich zu schlagen. Sie tun das einfach deshalb, weil sie die Peitsche besitzen. Doch diese Rinder sind in ihrer Zartheit übernatürlich. Jeder Peitschenhieb hinterlässt für immer seine Strieme auf ihrem Körper. Durch Erfahrung begreifen die Leute allmählich, dass die Rinder die menschliche Sprache verstehen und das Land pflügen, ohne geschlagen werden zu müssen. Aber ach! Wenn die Menschen endlich an Erfahrung gewinnen, sind die Rinder durch die vielen Striemen auf ihrem Fell in hässlicher Weise entstellt. Einige wenige Kinder meines Königreichs beherzigen meinen Rat. Sie schlagen überhaupt nicht und erhalten die Früchte dieses Landes. So bewahren sie in alle Ewigkeit meine freundliche Gabe der reinen, milchweißen Ochsen für sich. Diese Peitsche dient nur der Dekoration. Ich wünsche mir, dass auch du den Spuren dieser Wenigen folgst und die Früchte deines Feldes der Handlung empfängst, ohne raue und rüde Methoden zu benutzen.

Eine weitere seltsame Besonderheit dieser Rinder ist, dass sie wütend werden, sobald sie ein safranfarbenes Gewand sehen. Sie erschrecken sich und gehen auf Menschen los, die sie in dieser Kleidung sehen. Dann gehorchen sie dir nicht mehr. Diese Rinder sind ebenso stark wie sie gut sind. Bedenke dies und ernte die Früchte deines eigenen Feldes, indem du deinen gesunden Menschenverstand richtig benutzt. Von jetzt an gehörst du zu den *Videhas,* die ihren Körper transzendieren und leben. Überbringe deinem Vater die gute Nachricht, dass ich dich gesegnet habe."

## Zu Hause gefunden

Der Zug fuhr mit rasender Geschwindigkeit. Die Fahrgäste schaukelten im Gleichklang mit den Geräuschen des Zuges, die zunehmend melodiöser wurden. Nach einer Weile bewegte sich die Landschaft vor dem Fenster immer langsamer. Der Zug hielt in Gudhur.

Madhu stieg aus und näherte sich mit großem Appetit und hungrigen Blicken dem Kiosk mit den Erfrischungen. Nach einigen Rangeleien am Tisch hatte er ein paar Idlis ergattert. Das Chutney lief ihm durch die Finger. Er steckte seine rechte Hand in seine Gesäßtasche und wollte zahlen, doch da entdeckte er, dass die Tasche leer war. Völlig irritiert schaute er umher und stand wie versteinert da. Seine Finger waren wie erstarrt. Trotzdem brachten sie es fertig, in die vordere Tasche zu fassen und mit den Münzen, die er dort fand, die kleine Rechnung zu bezahlen. Plötzlich drehte er sich um und kehrte mit unglaublicher Geschwindigkeit in sein Zugabteil zurück. Mit Ausnahme seiner Geldbörse fand er sein ganzes Gepäck unversehrt vor. Nach verzweifeltem und mehrfachem Suchen zog er immer wieder dieselben Gegenstände hervor, nur seine Geldbörse fehlte. Er bemerkte, dass sich der Zug wieder in Bewegung setzte und immer schneller fuhr, während er sich die Fahrkarte, Reservierungsbestätigung, Adressen, einige wichtige Papiere und vor allem seine 8000 Rupien in der Geldbörse ins Gedächtnis rief. Als er an den Fahrkartenkontrolleur dachte, stand dieser plötzlich vor ihm. Madhu versuchte ihm seine Notlage zu erklären, jedoch der Kontrolleur wollte nichts davon hören. In Madhus Brust wurde etwas ganz schwer, und sein Kopf begann sich zu drehen. Er konnte sich nur noch an eines erinnern: Er musste mit seinem ganzen Gepäck beim nächsten Halt aussteigen.

Auf dem Bahnsteig war jeder mit sich selbst beschäftigt, und es wurde viel und durcheinander geredet. Niemand bemerkte ihn, außer einem schwarzen, ungebildeten Zwerg, der einen sauber rasierten Kopf hatte. Der Zwerg hatte zwei ebenfalls geschorene Kinder bei sich. Zufällig kehrte auch er aus Tirupati zurück.

„Wohnen Sie in dieser Stadt?“, fragte der rasierte Kopf.

„Nein“, antwortete Madhu, „ich wollte Sie schon das Gleiche fragen.“

„Ich heiße Tirupati. Ich habe meine Geldbörse mit den Fahrkarten und etwa 55 Rupien verloren“, antwortete der Geschorene.

„Ich habe plötzlich starke Schmerzen in meiner Brust. Mein Kopf dreht sich, und ich kann nur noch verschwommen sehen“, antwortete Madhu zögernd und setzte sich auf den Bahnsteig. „Ich habe meine Fahrkarte und viel Geld verloren“, fuhr er fort. „Ich weiß nicht, was ich tun soll. Mein Kopf fühlt sich auf einmal so leer an.“

„Machen Sie sich keine Sorgen, Sir. Ich bin mit zwei Kindern hier, während Sie allein reisen. Auch ich kenne diesen Ort nicht. Aber warum macht Ihnen das so viel aus? Wir werden in die Stadt gehen, und dort werden Leute sein, die uns verstehen.“ Während er noch sprach, hielt er Madhu, der in Ohnmacht gefallen war, plötzlich in seinen Armen.

* * *

„Der Druck ist sehr stark, das Blut wallt auf und strömt in die Brust“, sagte der Arzt, während er sein Stethoskop abnahm. Er überreichte Tirupati, der auf der anderen Seite der Krankentrage stand, das Rezept mit den verschriebenen Medikamenten.

„Ich habe Ihnen bereits unsere Lage in dieser fremden Stadt erklärt“, sagte Tirupati.

„Dies ist ein staatliches Krankenhaus. Ich hoffe, dass Sie ebenfalls Frau und Kinder haben.“ Der Arzt nahm ihm den Zettel wieder ab.

* * *

Als Madhu seine Augen öffnete, konnte er durch das Fenster die wunderschöne Morgendämmerung sehen. Er befand sich im vierten Stockwerk des staatlichen Krankenhauses. „Wo sind wir?“, fragte er.

„Ich bin Tirupati. Ich und meine beiden Söhne haben nicht geschlafen, weil der Arzt wollte, dass wir Sie die ganze Nacht beobachten“, kam die Antwort.

„Wie war es möglich, dass Sie mich in ein Krankenhaus einliefern und eine Behandlung für mich bekommen konnten? Jetzt erinnere ich mich langsam. Auch Sie haben Ihr ganzes Geld und die Fahrkarten verloren. Die Frage ist nun: Wie kann ich in meine Heimatstadt gelangen?“

Sogleich antwortete Tirupati: „Warum sind Sie so aus der Fassung? Ich bin da. Auch ich muss in meine Heimatstadt zurück. Außerdem sagte der Arzt, dass Sie sofort in ein größeres Krankenhaus gebracht werden sollen. Er meinte, dass ein leichter Herzanfall zu erwarten wäre.“ Tirupati hatte kaum zuende gesprochen, da verlor Madhu wieder das Bewusstsein.

* * *

Langsam öffnete Madhu seine Augen. Er blickte auf ein Schild, auf dem ‘Sobha-Krankenhaus’ stand. Das war etwas, das er kannte. Allmählich verstand er, dass er sich im K. G. Krankenhaus befand. An seiner Seite erkannte er Tirupati, der sagte: „Wir sind im dritten Stock. Hier ist Ihre Frau.“

Madhu sah, dass seine Frau weinte, als sie zu ihm kam. „Warum?“, fragte Tirupati, „der Arzt meint, dass er wieder okay ist.“

Langsam fragte Madhu ihn: „Wie sind wir hierher gekommen?“

Tirupati antwortete: „Ich war die ganze Zeit bei Ihnen. Es gibt kein Wie, wenn der Herr will, dass alles gut wird. Ich konnte Sie hierher bringen und Ihre Familie benachrichtigen.“

Voller Staunen und Bewunderung sah Madhu Tirupati in die Augen. In dessen Blicken fand er alle Tore, die zur Hoffnung führten. Sie waren ehrlich und offen. Welch ein seltener Glanz strahlte durch seine ungebildeten Augen! Plötzlich sagte

Tirupati: „Bei mir ist es die gleiche Sache wie bei Ihnen, mit Ausnahme der Krankheit, die Sie plötzlich eingeladen haben. Das Geld, das ich verloren habe, ist mir egal. Überall gibt es Menschen, und wir haben nichts zu fürchten."

Wieder fragte Madhu: „Ich glaube, Sie haben die ganze Zeit nichts gegessen und auch nicht gefrühstückt, und Ihre beiden Kinder auch nicht." Er bat seine Frau, Tirupati etwas Geld zu geben.

Doch Tirupati lachte und sagte: „Wie hätte ich Sie über die ganze Entfernung hierher bringen können, ohne etwas zu essen? Wir hatten alles, und vor ein paar Minuten haben wir auch gefrühstückt. Geld kommt nicht in Frage. Mein Vater sagt, dass das Geld ein Sklave der Notwendigkeit ist. Solange der Herr in unseren Herzen lebendig ist, kommt alles so, wie es gebraucht wird."

* * *

„Hier ist deine Geldbörse, Madhu". Mit dramatischer Geste trat Sudhakar in Madhus Zimmer ein und hielt Madhus Geldbörse in seiner ausgestreckten Hand. „Nur aus Spaß habe ich sie dir im Zug aus der Tasche genommen. Aber dann konnte ich dich im Zug nicht mehr finden. Ich war sehr beunruhigt und erzählte die Angelegenheit der Polizei.

Es tut mir leid. Ich hatte nicht gedacht, dass mein grober Scherz dir solch einen schweren Schock versetzen würde."

## Bedingter Reflex

„Und dies ist ein bedingter Reflex“, sagte Shyam und lächelte, während die zarten Falten seiner Augenlider durch die goldgefassten Brillengläser zu sehen waren. Der Nachtexpress fuhr mit hoher Geschwindigkeit und warf dicke Klumpen der Dunkelheit vom weit entfernten Himmel geradewegs durch das Fenster, hinter dem Shyam saß. In den unergründlichen Tiefen der Dunkelheit, die durch das Fenster zu sehen waren, leuchteten nur wenige trübe Lampen, und drei oder vier Gesichter von schwatzenden Leuten spiegelten sich auf den Fensterscheiben.

Shyam hatte an der Universität von Wisconsin zum Doktor der Psychologie promoviert und als Psychologie-Professor an einer indischen Universität gearbeitet. Er war der einzige Sohn eines aufgeblasenen, steinreichen Mannes und der einzige Schwiegersohn eines sehr reichen Geschäftsmannes aus der Agrarwirtschaft. Da er das erste gebildete Mitglied in seiner Familie war, galt er allen in seiner Umgebung als 'Heilige Schrift'. Sein Professorentitel vergoldete den silbernen Löffel, mit dem er geboren worden war.

„Viele solcher wertvollen Experimente wurden in Pawlows Notizen über die Reflexe aufgeschrieben. Ist diese Theorie auf Menschen genauso wie auf Hunde anwendbar, Sir?“, fragte ein alleinreisender Herr mittleren Alters, der ein *Khadi Lalchi* trug.

„Die Reflexe gehören mehr zu den Nervenzentren als zum Denken“, antwortete Shyam. „Deshalb sind sie allen höher entwickelten Lebewesen gemein.“

„Dann sind Sie davon überzeugt, dass Hunde zu den höher entwickelten Lebewesen gehören?“, fragte Hari, ein Herr mittleren Alters, und wurde ganz rot im Gesicht. Er schnappte nach Luft und fing plötzlich an zu weinen. Allen wurde seltsam zumute. Für ein paar Minuten herrschte unter den Fahrgästen tiefe Stille. Shyam nahm seine Brille ab und schaute Hari in die Augen. Hari hörte auf zu weinen und Shyam lächelte. Doch dann brach Hari in unbeherrschtes Weinen und Schluchzen aus. Shyams venushaftes Gesicht wurde blass, während er ziellos in Haris Augen schaute. Dann erklärte Shyam allen Leuten im Abteil, dass Hari sein Schwager sei, der seine Frau bei einem Zugunglück verloren hatte. Alle waren voller Mitgefühl, und Hari wurde von den übrigen Fahrgästen die ganze Nacht wie ein Kind verwöhnt.

Einmal stand Hari auf, umklammerte Shyam ganz fest am Hals und begann laut zu weinen. Shyam wurde unruhig und ein bisschen ärgerlich. In Panik konnte er sich aus Haris festem Griff befreien und stieß ihn zur Seite. Alle waren böse auf Shyam.

„Besitzen Sie nicht so viel Freundlichkeit, Ihren Schwager zu trösten und ihn bei guter Stimmung zu halten? Sie behaupten, gebildet zu sein. Aber was nützt Ihnen das?", schimpfte eine alte orthodoxe Witwe laut aus einer Ecke.

„Und Sie sagen, dass Sie ein Psychologieprofessor sind. Wissen Sie nicht, wie Sie ihn wieder in eine normale Verfassung bringen können?", fragte eine junge Medizinstudentin und lächelte.

Shyam wurde ganz unruhig und wechselte wortlos seinen Platz. Nun saß er in sicherer Entfernung in der gegenüberliegenden Ecke. Plötzlich stand Hari weinend auf und ging geradewegs zu Shyam. Wieder umarmte er ihn am Hals, und jetzt war es für Shyam noch schwieriger, sich aus der Umklammerung zu befreien. Über eine Stunde lang war es eine Szene wie Macbeth mit Bancos Geist.

Der Zug hielt in Nellore. Drei kräftige Männer liefen auf dem Bahnsteig neben dem Zug auf und ab, blickten durch die Fenster und riefen: „Hari, Hari!“ Einer von ihnen entdeckte Hari und sagte: „Oh, hier ist er!“ Alle drei kamen ins Abteil, stürmten geradewegs zu Hari und traten dabei den Reisenden auf die Füße. Einer schlug Hari zweimal kräftig auf den Nacken und rief: „Du Mistkerl! Du weinst hier, und wir sind deinetwegen in Angst und Schrecken.“

Da stand die alte orthodoxe Frau auf und rief wütend: „Wer sind Sie, dass Sie den armen Kerl schlagen? Er hat ein schweres Unglück erlebt. Wenn Sie mit ihm verwandt sind und mit ihm reisen, wissen Sie dann nicht, wie man sich um ein hilfloses Kind wie dieses kümmert, das seine Frau bei einem Unfall verloren hat und jetzt um sie weint?“

„Hören Sie auf!“, antwortete einer der Männer, „er ist noch nicht verheiratet. Wir sollen ihn nach einigen Behandlungen in einer Irrenanstalt in Madras zu einem Spezialisten nach Visakhapatnam bringen.

„Tatsächlich?“ fragte die orthodoxe Dame und atmete auf. Shyam schnappte seine Kiste, stieg aus dem Abteil und verschwand in der Menschenmenge.

Einer der Fahrgäste verfolgte das ganze Geschehen mit gemischten Gefühlen und fragte: „Wie kommt es, dass dieser Psychologieprofessor uns erzählte, Hari sei sein Schwager, der bei einem Unfall seine Frau verloren habe?“

Ein großes Fragezeichen hing in der Luft. Die alte Dame stand auf und sagte, während sie winkte: „Das muss noch ein Patient aus der Irrenanstalt sein, der ebenfalls vor seinen Leuten ausgerissen ist und in unserem Abteil saß. Es ist alles *Karma*.“

# Teufelsarzt

Die zwei Augenhöhlen des großen Schädels auf dem hölzernen Altar blickten in die Augen eines zutiefst erschrockenen Mädchens, das vor dem Altar saß. Die Brauenmarkierung aus Blut auf dem Gesicht des Schädels erschreckte das Mädchen noch mehr. Der Duft des Räucherstäbchens gab dem unschuldigen Kind ein betäubendes und unheimliches Gefühl. Mit gekreuzten Beinen saß es vor dem Schädel, und seine offenen Haare tanzten um den Kopf, als es kräftig nickte.

„Geist! Du musst deine Identität zu erkennen geben. Sage mir deinen Namen und sage mir, weshalb du gekommen bist und dieses Mädchen in Besitz genommen hast."

Das Mädchen antwortete und nickte: „Ich heiße Ramani. Ich bin die hilflose Frau von Virajah. Wegen der Grausamkeit meines Mannes habe ich mir das Leben genommen. Ich habe Hunger, und ich möchte essen."

Bhutanadh, der Teufelsaustreiber, zerbrach plötzlich eine Kokosnuss und übergoss das Kind mit Kokosnusswasser. Unvermittelt griff er nach dem Huhn an seiner Seite und durchschnitt ihm mit einem Messerstich die Kehle. Er übergoss das Mädchen mit dem Blut des Huhns und streute ihm gekochten Reis auf den Kopf. Dann sagte er: „Sei jetzt zufrieden. Ich werde dich nun in dieser Flasche einfangen und einsperren, damit du nie wieder zurückkehren kannst. Ich werde dich für immer tief eingraben."

Das Mädchen bekam Angst und begann zu weinen und zu schluchzen: „Sperr mich nicht ein und grabe mich nicht ein. Ich verspreche, dass ich das Mädchen nicht mehr besuchen werde."

„Nein, ich glaube dir nicht", rief Bhutanadh. „Bisher hast du viele Versprechen gegeben, nur um sie wieder zu brechen. Ich lasse dich nicht gehen." Während er sprach, ergriff er eine Hand voll Haare des Mädchens und schnitt sie mit einer Schere ab. Dann steckte er sie sorgfältig in eine Flasche und verschloss sie fest mit einem Korken. Das Kind schwitzte und fiel in Ohnmacht. Es fiel auf den Rücken in eine Trance der Schwäche.

Bhutanadh hatte das Ritual feierlich vollzogen und bat nun die herumstehenden Leute, die Flasche in die Hand zu nehmen. Sie sollten spüren, wie schwer sie mit dem ganzen Gewicht des Teufels war. Alle versuchten die Flasche hochzuheben und merkten, dass sie sehr schwer war. Jeder war davon überzeugt, dass dies das Gewicht des Teufels war, und alle waren voll zufrieden. Bhutanadh nahm die Flasche und verließ mit triumphierender Miene das Haus.

„*Namaste*, Govind. Wie geht es dir?" Bhutanadh grüßte Govind auf dem Weg. Er hinkte beim Gehen, weil das Gewicht des Teufels in der Flasche, die er trug, so schwer war.

„*Namaste, Guruji*. Mir geht es gut. Warum schleppst du die leere Flasche mit dir herum, und warum ist sie so schwer?", fragte Govind.

„Leere Flasche?", entgegnete Bhutanadh. „Dein Gehirn ist leer. Du behauptest immer, es gäbe keine Teufel. Sieh dir einen Augenblick diese Flasche an, und dann sage mir, ob du immer noch glaubst, dass es nichts anderes gibt als Lord *Krishna*. Nun sage mir, ob du immer noch davon überzeugt bist, dass die Geister nicht existieren. Drei Monate habe ich gebraucht, um diesen Teufel einzufangen und in die Flasche zu sperren. Hättest du die Notlage des Mädchens gesehen, das von dem Teufel besessen war, wärest du von der Existenz der Teufel neben deinem Lord *Krishna* in diesem Universum vollkommen überzeugt.

Nimm die Flasche in die Hand und sage mir, ob sie mit dem ganzen Gewicht des Teufels nicht ungewöhnlich schwer ist."

Govind lächelte und hielt die Flasche in seiner linken Hand. Er sagte: „*Hari OM*. Sie hat nur das Gewicht von dem Glas und der Luft in der Flasche. Mehr kann ich nicht entdecken. Ehrlich! Ich finde, dass ich sie in meiner linken Hand so weit tragen kann, wie du möchtest."

Bhutanadh sagte: „Es ist schade, dass die Teufel sich nicht jenen zeigen, die nicht an sie glauben. Das Gleiche trifft auch auf deinen Gott zu. Halte die Flasche in deinen Händen und schaue sie mit gespannter Aufmerksamkeit an. Dann wirst du den Teufel in seiner wirklichen Gestalt sehen können."

Govind hielt die Flasche in den Händen, schloss seine Augen und meditierte über den Herrn. Er sagte: „*Hari OM*" und schaute in die Flasche. Da sah er ein transparentes kristallblaues Bild von Lord *Krishna*, der auf der Flöte spielte. Der Herr lächelte mit lockenden Blicken. Govind schaute und schaute und sagte: „Was bedeutet dies alles, mein Herr? Bhutanadh bezeichnet dich als Teufel. Wie ist es möglich, dass du in der

Flasche bist? Natürlich kannst du von jedem, der an dich denkt, in eine Flasche gesteckt werden. Es war sogar möglich, dass du zusammen mit deinen Eltern im Gefängnis warst, als du geboren wurdest. Für dich ist nichts unmöglich. Warum freust du dich am Spiel von Bhutanadh, während du ihm auf diese Weise in seinem falschen Erleben etwas vormachst?"

„Jeder macht sich selbst etwas vor", sagte Lord *Krishna*, „aber nichts ist falsch. Jeder hat in seinen Beobachtungen und seinem Erleben recht. Das ist so, weil jeder sich selbst etwas vormacht. Solange jemand sich selbst täuscht, gibt es für ihn keine Wahrheit. Meine Wahrheit kann niemals die Wahrheit für jeden sein, solange jeder sich selbst auf seiner Suche nach der Wahrheit täuscht. Der Durst nach Wahrheit wird nicht gelöscht, wenn nach der Wahrheit nicht gesucht wird. Ich bin weder das Suchen noch das Löschen, aber ich führe jeden durch sein Suchen und Löschen zu mir. Es ist falsch zu sagen, dass jemand mit seinem Erleben unrecht hat."

Govind verbeugte sich in Ekstase vor dem Herrn und fragte mit Tränen in den Augen: „Bist du der Herr oder der Teufel? Was ist wahr?"

*Śrî Krishna* sagte: „Ich bin beides. Für dich bin ich dein Herr, für Bhutanadh bin ich der Teufel. Genauso wie ich der Tod für die Dämonen und das Leben für die *Devâs* war. Ich bin beides. Bhutanadh verdient seinen Lebensunterhalt durch die Teufel, nicht durch den Herrn. So muss ich ihm seinen Lebensunterhalt als Teufel geben. Ich bin verpflichtet, ihn zu versorgen, genauso wie dich."

„Aber, mein Herr, wo gibt es für Bhutanadh Erlösung?", fragte Govind.

„Genau da, wo auch du sie findest", sagte *Śrî Krishna*. „Erlösung ist ein Wort, das von dir geprägt wurde. Deshalb sollte ich dich von deiner Erlösungsvorstellung befreien. In ähnlicher Weise habe ich die Pflicht, Bhutanadhs Wissbegier im Hinblick auf die Existenz von Geistern zu befriedigen. Ich versorge seine Wissbegier ebenso wie seinen Magen. Bhutanadh hält nichts von der Idee der Erlösung, und deshalb braucht er von dieser Idee nicht befreit zu werden. Wenn er dies nicht benötigt, beabsichtige ich auch nicht, ihn für die Existenz der Idee von Errettung und Befreiung zu erwecken. Sieh mal, alle Geschöpfe leben in mir, und manche von ihnen, nein, viele bilden sich keine Vorstellung von Errettung und Befreiung.

Trotzdem leben sie in mir. Für die, die Errettung möchten, bin ich ihre Rettung. Für die, die Nahrung möchten, bin ich ihre Nahrung. Für die, die ihren Existenzkampf möchten, bin ich ihr Kampf. Für die, die mich möchten, bin ich, was ich bin."

## Absolut unpersönlich!

Sukumar hatte den ersten akademischen Grad in Wirtschaftswissenschaften erreicht. Er war noch unverheiratet und hatte vor kurzem eine Stellung in einem großen geschäftlichen Unternehmen angetreten. Im Haus von Ramdas, einem Vater von sechs Töchtern, hatte er ein annehmbares Zimmer gemietet. Vom ersten Tag an besuchte Ramdas Sukumar in seinem Zimmer und verbrachte viel von seiner freien Zeit mit Sukumar. Die Gespräche verliefen freundlich, und Ramdas erkundigte sich nach den häuslichen Umständen und dem finanziellen Status von Sukumar. „Heutzutage ist es für einen hervorragenden jungen Mann sehr schwer, in der Gesellschaft auf korrekte Art zurechtzukommen, ohne verheiratet zu sein“, sagte Ramdas.

Sukumar gefiel dieses Gespräch nicht, denn er vermutete, dass Ramdas die Absicht hatte, eine Eheschließung für eine seiner Töchter zu arrangieren. Seine Antworten waren daher normalerweise schroff und kalt, aber Ramdas machte das nichts aus. Da Sukumar innerhalb der nächsten vier Tage eine Promotionsprüfung und ein Prüfungsgespräch hatte, war er sehr beschäftigt. Bis spät in die Nacht arbeitete er mit seinen Lehrbüchern. Um 1 Uhr nachts schaute Ramdas herein und lächelte. „Achten Sie mehr auf Ihre Gesundheit. Sie sind weit weg von Ihren Eltern, und es wird sehr schwierig werden, wenn Sie nicht ganz gesund sind, besonders vor der Prüfung", sagte er.

„Das weiß ich alles, aber jetzt ist die Zeit, um mich vorzubereiten. Heute Morgen konnte ich ein gutes Empfehlungsschreiben von Herrn Das an ein Mitglied der Auswahlkommission bekommen", antwortete Sukumar.

„Zweifellos ist Herr Das ein mächtiger Industrieller in unserer Stadt. Doch sein Wort zählt nicht bei den führenden Leuten hier. Er hat Ihnen ein warmes Empfehlungsschreiben gegeben, so wie er es für jeden tut. Bevor Sie den Brief einem Vorgesetzten überreichen, ruft Herr Das ihn an, um ihn darauf aufmerksam zu machen, dass der Brief nur eine Formsache ist. Ihre Arbeit und Ihre Leistung sind immer eine bessere Qualifikation als der Brief von Herrn Das", sagte Ramdas.

Sukumar behagte das Gespräch überhaupt nicht. Er schwieg und vergrub seinen Kopf im Lernstoff.

Um 7 Uhr morgens erwachte Sukumar mit hohem Fieber. Im ganzen Körper hatte er Schmerzen, dazu heftige Kopfschmerzen, und er konnte nicht aufstehen. Einen Moment lang wollte er Ramdas rufen und ihm sagen, dass er einen Arzt brauchte, doch dann blieb er still und sagte nichts, da ihm die Idee doch nicht so sehr gefiel. Sumati, die jüngste Tochter von Ramdas, kam ins Zimmer und sagte: „Onkel, geht es dir nicht gut? Warum stehst du nicht auf und wäschst dich?"

Sie beobachtete ihn einen Augenblick und ging wieder. Unmittelbar darauf kam Ramdas und sah, dass Sukumar hohes Fieber hatte. Sogleich holte er einen Arzt und sorgte für eine Behandlung. Ramdas bat um Urlaub und blieb den ganzen Tag bei Sukumar. „Ich habe Ihnen gesagt, dass Sie mehr auf Ihre Gesundheit achten müssen. Sehen Sie, es wird sehr schwierig, wenn Sie sich bis zum Abend nicht erholen." Die Frau und die Kinder von Ramdas kümmerten sich um Sukumar, und am Abend ging es ihm wieder gut.

Sukumar schnitt in seiner schriftlichen Prüfung gut ab. Am nächsten Morgen wurde er von Seshadri, einem der ernannten Vorsitzenden, angerufen. Seshadri lud ihn in sein Haus ein und bot ihm

Kaffee an. „Heute Abend werden Sie das Gespräch haben. Werden Sie nicht nervös und bleiben Sie ganz ruhig. Das ist alles, was Sie tun müssen. Für alles übrige werde ich sorgen. Zeigen Sie sich der Situation gewachsen und erweisen Sie sich einfach als überdurchschnittlich. Ich bin hier, um Sie angemessen und moralisch zu ermutigen."

Da sagte Sukumar: „Ich bin Ihnen sehr dankbar, Sir. Wie kommt es, dass Sie sich für mich interessieren? Ich kenne Herrn Das schon lange. Ich hoffe, er hat meinetwegen mit Ihnen telephoniert. Er gab mir einen Empfehlungsbrief, den ich Ihnen überreichen soll, Sir."

„Das ist eine bedenkliche Disqualifikation. Er ist stadtbekannt dafür, dass er solche Briefe zu Tausenden gibt. Verbrennen sie den Brief, dann sind Sie in Sicherheit. Herr Ramdas hat mir viel Gutes über Sie erzählt. Ich schätze ihn sehr, da er jemand ist, der nie irgendjemanden um einen Gefallen bittet. Ich habe Sie bemerkt, weil Sie regelmäßig arbeiten und angenehme Manieren haben. Ich habe mich bei Herrn Ramdas einfach nach Ihnen erkundigt, als er einmal etwas Nettes über Sie erzählte", sagte Seshari und schickte Sukumar weg.

„Nehmen Sie meine Glückwünsche entgegen, Sukumar. Soeben habe ich erfahren, dass Sie promoviert wurden", grüßte Ramdas, als Sukumar nach Hause kam.

„Verehrter Herr", sagte Sukumar in aller Bescheidenheit, „Sie sind die Ursache meines ganzen Erfolges. Sie haben Ihre guten Beziehungen für mich eingesetzt und mir nichts davon gesagt."

„Nichts dergleichen. Jeder bekommt das, was er verdient. Kein Wort mehr davon, dass irgendjemand einem anderen hilft. Nur weil Sie so ein angenehmes Benehmen haben, wollte ich Ihnen helfen. Ihr Verhalten hat Ihnen geholfen – keine Rede mehr davon, dass jemand das angenehme Verhalten anderer empfiehlt. Sie sind eins von meinen Kindern, denen ich nie geholfen habe, weil ich dafür gutes Verhalten erwartete."

## So ist es für alle Zeit

„Segne mich, mein Herr, damit ich erfolgreich aus den anstehenden Wahlen hervorgehe. Ich möchte dem Land und den Leuten dienen", sagte Ranjan, während er mit beiden Händen den Staub von den Füßen seines *Gurus* wischte. Der *Guru* lächelte und streckte seine Hand in den leeren Raum aus. Und siehe da, auf geheimnisvolle Weise materialisierte sich eine schöne Kokosnuss aus dem Raum. Sie war sorgfältig geschält. Der *Guru* lächelte und gab Ranjan die Kokosnuss. Dieser nahm sie mit gehorsamem und verehrungsvollem Lächeln an und fragte: „Darf ich dies als Zeichen für meinen sicheren Erfolg bei den Wahlen verstehen?"

„Zerbrich sie, und du wirst in ihrem Inneren die Gnade Gottes finden. Denke daran, dass ich immer hinter dir stehe. Was du auch tust, es wird sogleich Früchte tragen."

„*Guruji,* soll ich die Kokosnuss aufbrechen und das ganze *Prasâd* allein aufessen?"

„Ja, aber tue es erst am Ende. Deine Bemühungen sollten erst abgeschlossen sein und ihren Höhepunkt erreicht haben. Dann kannst du die

Nuss aufbrechen und das *Prasâd* ganz allein aufessen."

Vorsichtig legte Ranjan die heilige Kokosnuss auf den Altar in seinem Andachtsraum. Er war für die Wahlen als Kandidat aufgestellt worden, und durch seine Schlagworte und seine ständige Präsenz in Form seiner Bevollmächtigten und Mitarbeiter nahmen die Leute seine Gegenwart tagein und tagaus wahr. Es machte ihm nichts aus, den Schlaf der Leute zu stören, da er ihnen helfen wollte. Er zahlte einen phantastischen Preis, um ihre wertvollen und kostbaren Stimmen zu kaufen. Genauso wie viele seiner Kollegen begann er seinen Anhängern darzulegen, dass dies eine Möglichkeit sei, der Öffentlichkeit zu helfen und für die Bedürfnisse der Armen zu sorgen. Deshalb sei das nicht als Bestechung zu verstehen. Sogar in der stillen Zeit zwischen 1 Uhr nachts und 5 Uhr morgens hörten die Leute die Rufe seiner Schlagworte in ihren Träumen. Manche wurden davon fast wahnsinnig, andere wurden wütend. Sie mussten jedoch alles so hinnehmen, da er nur ihr Bestes wollte.

Mehr als 200 000 Rupien seines mühsam gesparten Geldes wurden aus Machtgier auf dem

Altar des göttlichen Willens verbrannt. Für die Götter ist es die einzige Gelegenheit, Menschen dazu zu veranlassen, für die Öffentlichkeit Geld auszugeben. Jetzt waren die Wahlen vorbei. Immer noch flatterten im Wind die Papiere mit den Symbolen der verschiedenen landwirtschaftlichen Geräte, die zu Werbezwecken darauf gedruckt waren. Verschiedene Kandidaten stellten in populärer Art den armen, halbverhungerten Ackerbauern und seine Werkzeuge als Kennzeichen ihrer Wahlurnen dar. Die Stimmen wurden gezählt, und Wahlhelfer liefen hin und her. Mit verzweifelten Gesichtern und blutunterlaufenen Augen erwarteten die Kandidaten die Stunde des Jüngsten Gerichts in Form der Ergebnisse. All dies fand nur statt, um der Öffentlichkeit zu dienen. Politische Führer bekämpfen sich ununterbrochen, um der Öffentlichkeit zu dienen.

Ranjan ging in seinem Andachtsraum auf und ab. Auf dem Altar lag unversehrt die sauber geschälte Kokosnuss. Sie spähte durch ihre Augen, die mit *Kum-Kum* und *Kurkuma* aufgemalt waren, und lächelte.

„Wie steht die Lage?"

„Wir liegen in Führung."

Die gleichen Worte wurden zwischen den Kandidaten aller Parteien und ihren Mitarbeitern ausgetauscht. Trotzdem hatte Ranjan seine Zweifel.

„Der *Swâmiji* konnte die Kokosnuss aus dem Raum materialisieren. Kann dieselbe Kraft meines *Guruji* mir einen Erfolg bei den Wahlen bescheren?“, fragte er sich. „Was weiß der unschuldige *Guruji* von den Wahlen? Ich habe viele unerlaubte Dinge getan, bevor die Wahlen zuende waren. Kann die Macht unseres *Guruji* dem allen entgegenwirken und mich erfolgreich aus den Wahlen hervorgehen lassen?“, fragte er sich immer wieder.

Die Ergebnisse wurden bekannt gegeben, und Ranjan brach die Kokosnuss auf, bevor er seinem Mitarbeiter gestattete, ihm die Nachricht mitzuteilen. Das Innere der Kokosnuss war durch und durch faul. Die Schale war nun aufgebrochen und das Ergebnis zutage getreten. Große Enttäuschung machte sich breit.

„*Guruji*! Du hast mir versprochen, dass ich bei den Wahlen Erfolg haben werde. Und was ist jetzt? Wie ist es möglich, dass deine Prophezeiung und dein Segen nicht eingetroffen sind?“

Der *Swâmiji* lächelte still durch seine faltigen Lippen und sagte: „Außer dem Ergebnis habe ich nie etwas versprochen. Die Kokosnuss hat dir nur das Resultat von all dem, was du getan hast, gezeigt. Das ist alles, was ich dir versprochen habe. Ich war nie so töricht, etwas anderes als meine Liebe und die Gnade des Herrn zu geben, um den Menschen zu dienen. Ich habe dich auch nicht gebeten, in deinen quälenden Ängsten so viel Geld auszugeben, um dir selbst im Namen des Volkes zu dienen. Nicht weniger als hundert Kandidaten haben den Segen ihrer *Gurujis* erhalten. Jeder bittet gegen die anderen Kandidaten um den Segen. Nur wir armen *Gurujis* haben nichts gegen die anderen. Dem einen zu dienen bedeutet nicht, vielen zu schaden. Einem Einzelnen zu helfen bedeutet nicht, andere zu Fall zu bringen. Dies ist der Kampf des Lebens, den wir nicht mögen und bei dem wir nicht mitmachen. Wenn du einmal kosten möchtest, was wir erleben, kannst du unserem Weg folgen."

Mit dem Gesicht einer geprügelten Katze fragte Ranjan: „*Guruji*, du hast versprochen, bei all meinen Bemühungen hinter mir zu stehen."

Der *Swâmiji* antwortete: „*Nârâyana*! Im Namen des Herrn stehe ich immer hinter dir und sehe alles mit an, was du tust. Das tue ich für jeden, der zu mir kommt. Unterstützung zu gewähren bedeutet nicht, sich einzumischen. Die Sonne schenkt dir Leben, aber sie nimmt niemals an all dem teil, was du tust. Ich habe dir die Kokosnuss nur gegeben, damit ich bei allem, was du tust, zugegen bin und dir die Frucht deiner eigenen Taten zeigen kann."

Noch einmal fragte Ranjan: „Du hast die Macht, die Kokosnuss aus der Luft zu materialisieren. Hast du nicht die Macht, mich bei den Wahlen erfolgreich zu machen?"

Der *Swâmiji* antwortete: „Macht kann man nicht befehlen. Sie ist eine Erscheinungsform des göttlichen Willens, und du kannst keine Bedingungen stellen. Allein die Weisheit kann die Macht steuern. Gier kann niemals in Verbindung mit der Macht kommen, die den Lauf der Dinge in der Schöpfung lenkt, mein Junge. Jeder bekommt entsprechend dem, was er getan hat. Auch die Menschen eines Landes erkennen ihren Führer in Übereinstimmung mit dem, was sie tun und befürworten. So steht es geschrieben, und so geht es in Erfüllung. So ist es für alle Zeit."

## Dem Ufer entgegen

Charandas war ein erfahrener Politiker, und er behauptete, für sein Land großen Dienst zu leisten. In vielen Dörfern trat er auf, um seinen Behauptungen die nötige Öffentlichkeit zu verleihen. Er befand sich auf Reisen für die Vorwahlen, auf denen er um Stimmen für sich warb und die Menschen dazu aufrief, seine Position zu unterstützen, damit er die Interessen der leidenden Öffentlichkeit vertreten konnte, solange die Sterne am Himmel stehen. Er versprach, Wasser aus dem Ganges und dem Kaveri zu bringen, um es mit dem Wasser aus dem Krishna und Godavari zu vermischen. An jenem Tag konnte er drei Dörfer bereisen und drei Vorträge niederprasseln lassen, in denen er seine Geringschätzung gegenüber den Gegnern zum Ausdruck brachte. Am Ende des Tages erreichte er das sandige Ufer eines kleinen Flusses. Da er kein Boot entdeckte, mit dem er den Fluss überqueren konnte, ging er am Ufer entlang, um eins zu finden. Schließlich fand er ein kleines, altes Boot. Darin saß ein Fischer und ruderte.

„Mein Bruder! Kannst du mich zum anderen Ufer bringen? Ich werde dich dafür bezahlen.

Meine Arbeit ist so dringend, dass ich dich darum bitten muss. Es gibt keine Alternative. Du musst dich dazu bereit erklären", sagte Charandas und wischte sich in der heißen Nachmittagssonne den Schweiß von der Stirn.

Der Fischer entgegnete: „Dies ist kein Boot für Fahrgäste. Es ist ein kleines Fischerboot, das nur Platz für eine Person bietet, und es ist nicht sicher genug, um ein Wagnis einzugehen. Außerdem glaube ich, dass der Fluss Hochwasser bekommen wird. Ich spüre, dass etwas nicht stimmt. Du ruhst dich besser aus, statt dieses Risiko einzugehen."

„Es ist ein Jammer, dass ihr armen, unschuldigen Kinder von *Bharat* die dringlichen Notwendigkeiten des Landes nicht verstehen könnt. Ich dürste danach, dem Land und seinen Leuten Zentimeter um Zentimeter dienen zu können. Du musst begreifen, dass dir das Privileg zuteil wird, in deinem Boot einen Patrioten mitzunehmen", sagte Charandas mit schallendem Gelächter, das wie das Krähen eines Hahns klang.

„Wie du möchtest. Aber mache mir hinterher keine Vorwürfe, falls irgendetwas Schlimmes passiert", sagte der Fischer und bat Charandas in sein Boot.

„Falls etwas Schlimmes passiert, werde ich keine Gelegenheit mehr haben, dir Vorwürfe zu machen“, sagte Charandas und lachte wieder, als das Boot die rollenden Wellen des Flusses durchschnitt. Das Boot war wirklich zu klein, um das Gewicht von zwei Menschen zu tragen. Es sah aus, als würde es unbeholfen mit jeder Welle tanzen. Inzwischen predigte Charandas das Evangelium seiner politischen Partei und verkündete dem Fischer bei jeder Welle die politische Bergpredigt, während er vor Angst bei jedem Ansteigen der Flut die Zähne zusammenbiss.

Als das Boot die Mitte des Flusses erreicht hatte, begann das Wasser anzusteigen. Manchmal war das Boot zwischen zwei hohen Wellen verschwunden, und dann konnte man es wieder auf einem Wellenkamm sehen. Charandas Zuversicht schwand zusammen mit seiner Geistesgegenwart. „Besteht noch irgendeine Hoffnung, das Ufer zu erreichen?“, fragte er.

„Das kommt ganz auf dich an, und das Ergebnis hängt von deinen Sternen ab. Es ist nicht weniger riskant als das Gefälle in deiner Stimmenanzahl bei der Auszählung nach der Wahl. Tatsache ist, dass wir mit Sicherheit ertrinken werden, wenn wir beide im Boot bleiben. Falls einer aufgibt, hätte der andere eine Chance, das Ufer zu erreichen“, sagte der Fischer.

Charandas wurde wütend und antwortete: „Das ist gegen das Prinzip der Demokratie. In der Demokratie gilt die Gleichheit. Willst du damit sagen, dass ich aus dem Boot springen soll, während du sicher das andere Ufer erreichst?“

Da sagte der Fischer: „Wenn ich springe, kann ich schwimmen und das Ufer erreichen. Das Schlimme ist, dass du das Boot nicht allein zum Ufer bringen kannst. Wie auch immer, du wirst mit Sicherheit ertrinken. Ich werde ganz sicher gerettet. Du behauptest, ein Patriot zu sein und für das Land und seine Leute zu arbeiten. Kannst du nicht so viel gute Gesinnung zeigen, dass du dies akzeptierst und ins Wasser springst, um mein Leben zu retten? Ich wiederhole, so oder so bin ich in Sicherheit. Die Sache ist nur, du wirst nicht als Patriot, sondern als Heuchler dastehen, ehe sich der Tod vor dir öffnet. Zeige deine Güte und bereite dich auf das Sterben vor, bevor du ertrinkst. Dann wird sich vor deinem Tod erweisen, dass du ein Patriot bist. In der anderen Welt wird dieses Kennzeichen an deinem Kragen angeheftet.

Du sagst, es entspricht nicht der Demokratie, wenn ich dich auffordere zu springen und zu ertrinken. Ist es wirkliche Demokratie, wenn du dich weigerst, die Bootsfahrt für einen indischen Bruder sicher zu machen? Jetzt ist deine Demokratie ertrunken. Akzeptiere deine Niederlage, und ich werde dich retten."

Eine hohe Welle hob das Boot hoch und neigte es um 45°. Charandas umklammerte die Füße des Fischers und schrie: „Ich akzeptiere. Ich bin kein wahrer Verfechter der Demokratie. Rette mich! Rette mich um meiner Frau und meiner drei Kinder willen!"

„In Ordnung", sagte der Fischer, „und beruhige dich. Mach dir keine Sorgen. Das Boot ist sicher, und ich werde dich auch heil zum anderen Ufer bringen. Nur aus Spaß habe ich mit dir gespielt. Mit meinem Boot und dem Hochwasser ist alles in Ordnung. Dies alles ist völlig normal, genauso wie die Gezeitenwelle der öffentlichen Meinung in deinem Land. Das hier ist für uns normal, und wir erleben es jeden Tag, aber wir überqueren den Fluss unversehrt. Du wirst vielleicht überrascht sein, wenn du erfährst, dass ich eine Ausbildung habe. Ich habe einen Hochschulabschluss in Politikwissenschaften. Trotzdem übe ich meinen Beruf weiterhin aus. Mein Junge, die Zeiten haben sich geändert, und das Gesicht der Politik hat sich geändert. Du bist der Einzige, der sich nicht geändert hat. Jetzt nähern wir uns dem Ufer, und du kannst ganz beruhigt zu deiner Frau und deinen drei Kindern eilen. Das Einzige, worum ich dich bitte, ist, das Denken der Menschen nicht mit deinen Predigten über Firlefanz und Schaum zu beunruhigen."

## Es ist alles mein Spiel

„Die Menschheit nähert sich der Vollkommenheit. Die Leute haben viele Anreize, um gut und immer besser zu werden. Sie erfinden viele Vorwände, um zu mir zu kommen. Die Anzahl der Leute, die an mich denken und von mir sprechen, nimmt rasch zu", sagte Lord *Śiva* zu seiner Geliebten *Parvathi*. Sie befanden sich auf ihrer Hochzeitsreise zu einer Stadt in den Wolken und reisten inmitten der Pracht von Blitz und Donner.

„Du bist ein armer, frommer, unschuldiger Gott, mein Herr", sagte *Parvathi*. „Meiner Ansicht nach kennst du die menschliche Natur schlecht. Ich finde, dass die Leute in diesem *Kali*-Zeitalter intelligenter geworden sind als sie jemals waren. Sie sind mehr mit sich als mit Gott beschäftigt. Sieh, wie die Welt der menschlichen Geschöpfe sich schnell zu einem Bienenstock, der vom Geschäftsgeist geprägt ist, entwickelt hat. Sie neigen dazu, Gefallen an dem zu finden, was nützlich ist, und was gut ist, schätzen sie gering."

„Du bist die universale Mutter und trotzdem immer noch eine Frau. Ich werde dir jetzt eine interessante Szene mit drei Menschengruppen zeigen, die in drei verschiedenen Prozessionen mitgehen. Alle kommen zu mir. In dieser Stadt führen drei Straßen zum Zentrum. Jede Gruppe marschiert auf einer der drei Straßen. Sieh dir die erste Gruppe an", sagte Lord *Śiva* und versuchte *Parvathi* damit zu gefallen, doch vergeblich.

Es war ein Festumzug für Lord *Ganeś* anlässlich seines Geburtstags. Viele orthodoxe *Brâhmanen* gingen in einer prächtigen, prunkvollen Prozession vor dem bunten Wagen mit der großartigen, stämmigen Statue des kräftigen *Ganeś*. Am Altar wurden Hunderte von Kokosnüssen zerbrochen, als wären es viele Köpfe von Kriegern in einem Krieg. *Ganeś* ritt erhaben majestätisch und schweigend auf der riesenhaften Ratte. *Brâhmanen* sangen *vedische* Hymnen und verbrannten auf einem großen Teller Kampferklumpen. *„Jai Jai Śrî Ganeś, Bolo Bolo Prabhu Ganeś"*, sang die ganze Prozession. Auf jeder Seite von *Ganeś* standen zwei beleibte *Brâhmanen* und wedelten zu seinem Ruhm mit Büscheln aus Chemarischwänzen.

Entlang der zweiten Straße bewegte sich eine noch größere Prozession. *„Jai Râm, Jai Râm, Jai Jai Râm"*, hallte das *Bhajan* fortwährend mit großer Lautstärke durch die Straßen. Viele orthodoxe

*Brâhmanen* – alle mit drei aufgemalten vertikalen Linien auf ihrer Stirn – gingen vor dem Wagen von *Śrî Râma* her. Große und mächtige Bilder von *Râma, Sîta* und *Lakshmana* standen in diesem bunten Wagen, der alle Blicke auf sich zog. Vor *Râmas* Füßen kniete *Hanumân.* Fortwährend wurden Kokosnüsse zerbrochen und Bananen geschält. Beide Prozessionen bewegten sich durch zwei verschiedene Straßen auf das Stadtzentrum zu.

„Ist dies die Prozession von Lord *Ganeś*?", fragte eine arme, unschuldige, hingebungsvolle Seele.

„Halt die Klappe! Frag nicht so dumm. Dies ist der Herr, *Śrî Râma,* der über die 14 Welten herrscht. Verglichen mit *Śrî Râma* ist *Ganeś* überhaupt kein Herr. Selbst dein *Śiva* ist ein Verehrer von *Râma.* Das beweist, dass *Râma* der Herr ist. Wie kann ein Verehrender zu einem Herrn werden? Warum soll man dann noch von *Ganeś,* seinem Sohn, sprechen? *Râma* ist der einzige Herr, der alle Welten regiert", sagte der *Brâhmane* und zerbrach dabei eine Kokosnuss auf dem Altar.

„In den *Veden* steht, dass Lord *Vishnu* der höchste Gott ist", sagte ein anderer, „solche Wesen wie *Ganeś* oder *Śiva* können nicht Gott sein."

„Heutzutage möchte jeder Gott sein. Das ist eben das *Kali*-Zeitalter. Alle miteinander, auch die Menschen, versuchen den Anspruch zu erheben, dass sie *Avatâre* sind. Ich kann beweisen, dass kein Gott außer *Vishnu* wirklich Gott ist", sagte einer aus der Prozession, der vor *Râmas* Bild herging.

„Geh und lies das *Râmâyana,* dann wirst du es erkennen. Dein *Râma* hatte so oft Schwierigkeiten mit den *Râkshasas.* Er brauchte die Hilfe von Affen, als ihm die Dämonen so viele Probleme machten, und er weinte, nachdem seine Frau entführt worden war. Schließlich musste er *Śiva* verehren, bevor er im Krieg Erfolg haben konnte. Das beweist ohne jeden Zweifel, dass *Śiva* der wirkliche Gott ist. Sogar jetzt kann ich das vor deinen Augen beweisen. Sieh, wie dein *Râma* von den *Nayaks* der Atheisten beleidigt wird. Wie kann ein solcher Gott dich und mich retten? Schau, wie die Prozession der Atheisten deinen *Râma* kränkt. Und schau doch, wie still er bleibt", sagte ein orthodoxer *Pandit,* der auf seinem Gesicht und seinen Armen horizontale Linien aus Asche gemalt hatte. Bei diesen Worten setzte er eine triumphierende Miene auf und bewegte sich wie ein grauer Tiger.

Eine dritte Prozession schob sich durch die dritte Straße. Wunderschöne große Bilder von *Râma, Lakshmana, Sîta* und *Hanumân* in leuchtenden Farben standen auf einem Wagen, der zu einer Gruppe politischer Atheisten gehörte. Die Leute, die vor diesen Kultbildern hergingen, warfen fortwährend Sand und Steine auf die Bilder. Zwei Anführer der Atheisten, die von den anderen wie Götter geachtet wurden, standen auf beiden Seiten der Bilder und schlugen mit abgetragenen alten Schuhen auf sie ein. Dabei riefen sie: „*Râma* ist kein Gott, sondern ein Mensch wie wir. Er wurde als Mensch geboren, mit allen menschlichen Fehlern. Außerdem verhielt er sich unmoralisch, als er versuchte, in Abwesenheit seines Bruders *Bharat* König zu werden. Es ist primitiv, Menschen als Götter zu verehren."

Beide Anführer wurden immer wieder von Menschen aus der Prozession mit Girlanden behängt. Als die Prozession das Zentrum erreichte, an dem die Straßen zusammentrafen, legte diese Prozession ein Exemplar des *Râmâyana* auf die Straße. Es wurde getreten und verbrannt. „Hier ist euer *Râmâyana*, zu Asche verbrannt. Seht, wie das Buch verbrannt werden kann, wie die Flammen es verzehren", rief einer der Anführer. Dabei sprang und tanzte er um das brennende Buch, genauso wie einst *Hanumân* in den Straßen des brennenden *Lanka*. „Ich bin der wirkliche *Hanumân*", rief er, „und das so genannte heilige Buch ist das wirkliche *Lanka*. Euer *Râma* steht in dem Wagen, und er kann das Buch nicht vor dem Feuer bewahren."

Alle drei Prozessionen begegneten sich auf dem Platz, auf den die Straßen mündeten. An der Seite stand ein Philosoph. Zusammen mit seinen Jüngern beobachtete er die Szene und sagte: „Alle Straßen führen zum selben Ziel. Seht, wie diese Dummköpfe aufeinandertreffen und sich streiten. Manche glauben, dass ihre Bilder Götter sind. Sie wissen nicht, dass Gott überall und in allem ist. Deshalb verehren sie diese Kultbilder. Es ist alles Unwissenheit. Gott hat keinen Namen und keine Form. Verehrt keine Bilder. Meditiert über den namenlosen, formlosen, ewigen Gott der Götter, der allgegenwärtig ist. Schließlich sind diese Bilder und *Avatâre* menschengemachte Götter. Sie alle sind Götter, denen es nicht gelungen ist, aus ihren Verehrern die Unwissenheit zu vertreiben."

*Śiva* und *Parvathi* blickten auf die Menschenmenge der verschiedenen Prozessionen, die auf dem Platz zusammenkam. *Parvathi* sagte: „Sieh dir die verdorbenen Kinder von *Kali* an. Wie sie sich streiten, den Namen Gottes beleidigen und kritisieren! Die Welt gerät in eine große Woge des Unglaubens. Aber immer noch willst du glauben, dass die Leute an Gott interessiert sind. Deshalb meine ich, dass du ein schlechter Kenner der menschlichen Natur bist. Außer den Menschen leben alle anderen Geschöpfe in Gott und freuen sich an meiner Gegenwart, ohne an Gott zu denken oder ihn gar zu beleidigen. Deine geliebten Kinder schaffen sich im Königreich Gottes ihre eigenen Götter. Sie beten, um Erfolg und Zufriedenheit zu bekommen. Von ihren eigenen Göttern fordern sie schmutzige Gefälligkeiten und Sündenvergebung, so wie sie es gerade brauchen. Für sie ist Gott ihr Diener, der gegenüber seinen verehrten Anhängern seine Pflichten erfüllt. Sie haben ihre Götter so geschaffen, dass diese sich emsig, schwitzend und keuchend bemühen, ihre Anhänger zufrieden zu stellen."

Lord *Śiva* lächelte und sagte: „Sieh doch, wie sie spielen. Diese Menschen sind meine Kinder, und sie spielen mit ihrem selbstgeschaffenen Gott in vielen Formen und Verhaltensweisen. Die ganze zeit versuchen sie, auf so viele Arten meine Gegenwart zu erschaffen. Manche ehren meinen Namen, manche leben in mir, manche beschimpfen meinen Namen, manche beleidigen meinen Namen, aber alle singen meinen Namen, nur um meine Gegenwart zu erschaffen und in mir zu leben. Das alles ist das Spiel dieser Menschen. Ich erfinde das Spiel, und sie haben ihre Freude an ihm. Alle frommen und schmutzigen Versuche dieser Kinder wurden allein von mir als Teil des Spiels geschaffen. Bei diesem Spiel erschaffen sie meine Gegenwart in sich."

*Parvathi* antwortete: „Du bist unberechenbar, und deine Wege sind ewig überraschend."

## Himmlisches Gold

Gelassen saß seine Heiligkeit *Swâmi* Gambhirananda in *Padmâsana*-Haltung auf dem Hirschfell. Als er sich in die Verzückung der Meditation begab, leuchtete sein Gesicht so rein wie der Sonnenschein. Seine halbgeschlossenen Lotusaugen ließen göttliche Ruhe und Heiterkeit erkennen.

Zu seinen Füßen saß sein Jünger mit sauber geschorenem Kopf. In seiner Meditation konnte der Jünger zwei Personen mittleren Alters erkennen, die den Hügel heraufkletterten, um den *Darśan* seines *Swâmi* zu erhalten. Vor kurzem hatte sich der Jünger im Gedankenlesen und in der Fähigkeit, Dinge aus der Entfernung zu sehen, geübt. Natürlich hatte er dies ohne die Erlaubnis seines *Gurus* getan. Er war sogar der Meinung, dass sein *Guru* nichts davon bemerkt hatte. Seit kurzem beunruhigte ihn auch jeden Tag der Gedanke, dass die Zahl der Verehrer seines *Gurus* zurückging. So meditierte er täglich fünf Minuten, um neue Verehrer anzuziehen, die seinen *Guru* um Gefälligkeiten baten, damit der Ruhm seines *Gurus* sich überall verbreitete. Manchmal war er im Zweifel darüber, ob sein *Guru* davon wusste, aber er war sich nicht sicher, da der *Guru* eine instinktive Abneigung gegenüber spirituellen Kräften zum Ausdruck brachte.

Die beiden Verehrer kletterten den Hügel hinauf. Jeder trug eine Kokosnuss, Blumen, Früchte, Betelblätter und Räucherstäbchen. Einer von ihnen hatte auch einen großen Klumpen Kampfer dabei. Ganz offensichtlich würde er das größere Wohlwollen des *Swâmiji* erhalten. Gagananda, der Jünger, dachte, es sei seine heilige Pflicht, dafür zu sorgen, dass sein *Guru* den Verehrern wohlgesonnen war. Als er versuchte, sich aus der Nähe der Füße seines *Gurus* zu erheben, um die Verehrer zu empfangen, bekam er den ersten Stoß. Gambhirananda öffnete rechtzeitig seine Augen, lächelte sein himmlisches Lächeln und bat den Jünger, sitzen zu bleiben und nicht aufzustehen.

„*Swâmi*, viele Leute kommen zu dir, weil sie in Schwierigkeiten sind. Sie alle sind im Netz von *Samsâra* gefangen und benötigen dringend deine Gunst", sagte der Jünger.

„Die Gunst eines *Sanyâsi*?", lächelte der *Guru*. Inzwischen waren die beiden Verehrer in den *Ashram* eingetreten. Sie kamen näher und warfen sich vor den Füßen des *Swâmi* auf dem Boden nieder.

„Nennt eure Probleme“, forderte der Jünger sie auf, „der *Swâmiji* ist hier, um seinen Segen zu geben.“

„Keine Versprechungen in meinem Namen“, lächelte der *Swâmiji*.

Ramarao, einer der Verehrer, bot seine Früchte und die anderen Dinge an, die der Jünger bereitwillig annahm, während der *Guru* ihm einen etwas verachtenden Blick zuwarf. „Wir befinden uns am gebenden und übermittelnden Pol, nicht am empfangenden Pol“, sagte er.

Der Jünger begab sich in eine kurze Meditation, um die Gedanken zu lesen und sagte: „Du machst dir Sorgen wegen der Heirat deiner Tochter. Ein Heiratsangebot liegt vor, und du möchtest den Segen unseres *Swâmiji*, um diese Heirat zu beschließen, nicht wahr?“

Ramarao war vollkommen überrascht und stand mit gefalteten Händen entgeistert da.

Der *Swâmiji* sagte: „Dies ist die Schöpfung des Herrn. Was geschehen soll, wird geschehen. Bis jetzt ist noch niemand geboren, der dem Herrn Bedingungen vorschreiben kann.“

Der Jünger empfand, dass das Ansehen seines *Guru* leiden könnte.

Ramarao sagte voller Verehrung: „Dein Segen wird für meine Tochter alles in Ordnung bringen."

Der *Swâmiji* lächelte schweigend.

„Und du kommst aus dem gleichen Grund", sagte der Jünger, während er sich zu dem zweiten Verehrer umdrehte. „Bringe auch du dein Opfer dar, dann wird auch dein Wunsch erfüllt."

Der zweite Verehrer überreichte seine Früchte und die anderen Dinge. Dann sagte er: „*Swâmi*, unterstütze den vorliegenden Heiratsvorschlag für meine Tochter. Damit wird mir die Hälfte meiner Lebenslast abgenommen."

Der *Swâmi* lächelte und sagte: „Wenn dir jedes kleine Problem die Hälfte deiner Lebenslast aufbürdet, wie viele Hälften machen dann das Ganze aus? In der Mathematik von *Samsâra* finden wir viele Rätsel. Lerne selbstständig zu sein. Was du getan hast, wird dir helfen. Ich bin hier, um das Gute zu fördern, und da endet meine Verantwortung."

„Warum?", fragte der Jünger, „in seiner Opfergabe ist zusätzlich ein Klumpen Kampfer."

Da antwortete der *Swâmi*: „Mein geliebter Jünger Gagananda! Du dringst unbefugt in die spirituellen Bereiche anderer ein. Jetzt überlasse ich es dir, die Dinge zu entscheiden und Gefälligkeiten zu erweisen. Du scheinst viel Macht auf Lager zu haben. Diese beiden Verehrer hegen große Hoffnungen in Bezug auf denselben Bräutigam. Jetzt entscheide du und lasse beiden Gerechtigkeit widerfahren. Deiner Meinung nach ist die Antwort einfach. Der Kampferklumpen macht den Unterschied aus. Wenn ein Stück Kampfer eine Rangordnung schaffen kann, dann löse du die Aufgabe."

Gagananda war verwirrt. Er fragte: „Mein Herr, was kann ich tun, wenn beide denselben Bräutigam im Sinn haben? Wie soll ich eine Entscheidung treffen und beiden gerecht werden?"

Gambhirananda lächelte und sagte: „Das ganze Problem ist, dass du glaubst, du könntest Gerechtigkeit verteilen. Was ein *Swâmiji* verteilen kann, mag in gewissem Grad zur Heilung von Krankheiten wie *Kâma* (Verlangen) oder *Krodha* (Böswilligkeit) beitragen. Das bedeutet aber nicht, dass der *Swâmiji* der Herr selbst ist, der alles auf die Erde niederprasseln lässt. Sieh, wie du selbst nicht von deinen *Karma*-Bindungen frei bist. Deine Psyche ist voller Hoffnungen, Erwartungen und Bestrebungen im Hinblick auf meine Wichtigkeit und deine

Kräfte. Das reicht aus, um dich in der fleischlichen Erde deines Körpers festzunageln. Du hast auf billigere Dinge des weltlichen Lebens verzichtet, nur um an teureren Wünschen, an meiner Heiligkeit und deiner Jüngerschaft festzuhalten. Fromme Wünsche und heilige Gier sind schlimmer als weltliche Wünsche und fleischliche Gier. Billige Wünsche können leicht überwunden werden, während heilige Wünsche uns in Ketten aus himmlischem Gold legen. Sieh mal, es ist sehr einfach, das Problem dieser beiden Verehrer dadurch zu lösen, dass man ihnen einen aufrichtigen Segen in Vorahnung der rechtzeitigen Gnade des Herrn gibt. Aber sieh auch, wie schwer es für mich ist, dich aus deinen Bindungen zu befreien. Sie binden dich von Kopf bis Fuß eine verlängerte Lebenszeit hindurch und das trotz meines wiederholten Segens."

## Pferderennen

„Sie sind immer beschäftigt. Sie ruhen sich nicht aus. Immer ist irgendjemand wegen der einen oder anderen Sache bei Ihnen. Man sieht Sie nie allein. Wann ruhen Sie sich aus?“, bemerkte ein Fremder, nachdem er aus einiger Entfernung seine Beobachtungen gemacht hatte. Sein Körper war durch eine dünne, teure Baumwoll-Freizeithose aus Frotteegewebe zu erkennen. Halbmondförmige Brillengläser verschönerten sein Gesicht wie zwei Mondfinsternisse. Sein Gesicht strahlte in zarter goldgelber Färbung. Kleine dicke Wellen im dunklen, seidigen Haar bedeckten seinen Kopf. Sein kurzgeschnittenes Haar war weich und lag ordentlich gekämmt. Es verlieh dem Gesicht weibliche Schönheit.

„Möchten Sie mich privat sprechen?“, fragte ich.

„Woher wissen Sie das?“, antwortete er.

Ich sagte: „So ist es gewöhnlich. Alle, die ein privates Gespräch mit mir möchten, erkundigen sich nach der Zeit, in der ich mich ausruhe.“

„Ich heiße Chandra Rao, und ich wurde in einem Dorf bei Srikakulam geboren. Ich bin der Bürgermeister meines Dorfes...“

Ich unterbrach ihn: „Außer Ihnen ist jetzt niemand hier. Sie können unmittelbar fragen, was Sie möchten."

„Eigentlich ist es nichts Besonderes. Ich habe gehört, dass Sie mit der Astrologie vertraut sind. Einer meiner Freunde erzählt viele Dinge über Sie. Natürlich halte ich nicht viel von der Astrologie, aber ich bin daran interessiert, die Wahrheit über die Astrologie zu erfahren. Deswegen habe ich viele Astrologen getroffen."

„Es ist nicht wünschenswert, die Zeit mit etwas zu verschwenden, wovon Sie nichts halten." Auf diese Weise wollte ich das Gespräch auf den Punkt bringen.

Da sagte er: „Natürlich! Was halten Sie von den *Nâdi*-Manuskripten? Ich habe viele *Nâdi*-Bücher über mein Horoskop zu Rate gezogen, als ich in Madras und Kumbhakonam war. Ich habe die Ergebnisse von den Kopien meines Horoskops bekommen, aber nur, weil mein Freund mich völlig unnötig überredet hat. Ich habe zwei oder drei *Nâdi*-Ergebnisse von meinen Horoskop-Kopien. Das nur so nebenbei."

Ich schwieg, als er wieder zu reden anfing. „Glauben Sie, dass sich alles, was in den *Nâdi*-

Büchern geschrieben steht, erfüllt? Welche Bedeutung schreiben Sie den Büchern zu?"

„Sagen Sie mir, was Sie möchten. Dann kann ich die Dinge unmittelbar erklären."

Er nahm seine Brille ab, wischte sie mit einem Tuch sauber und setzte sie wieder auf. „An einem freien Tag ging ich zu einem *Nâdi*-Astrologen in Madras. Nur um die Zeit totzuschlagen, ließ ich die Ergebnisse meines Horoskops übersetzen. Es stand dort geschrieben, dass bei Pferderennen ein großer Glücksfall auf mich warten würde. Es war auch geschrieben, dass ich zum Beispiel einige 10 000 Rupies gewinnen würde. Das hat sich bis jetzt nicht bewahrheitet. Wie erklären Sie das? Danach zog ich andere *Nâdi*-Bücher von verschiedenen Autoren zu Rate. Alle versprachen dasselbe, aber bis heute ist nichts eingetroffen."

„Wie kann es wahr werden, wenn Sie nicht an Pferderennen teilnehmen und wetten?"

Nach dieser Bemerkung zeigte Chandra Rao seine wahren Absichten. „Warum nicht? Bei fast allen Pferderennen, von denen ich höre, mache ich meine Wetteinsätze. Aber glauben Sie nicht, dass ich hinter dem Gewinn her bin. Es geht mir nur darum, die Wahrheit der Astrologie zu erkennen.

Ich habe viele Tausende beim Spiel verloren und das nur wegen Ihrer Astrologie."

Ich blieb still, und so war er gezwungen weiterzusprechen. „Übrigens, mein Freund hat mir erzählt, dass Sie ein *Nâdi*-Buch besitzen. Sollen wir es irgendwann einmal zu Rate ziehen?"

„Warum irgendwann? Wir können es jetzt gleich tun. Da Sie mir versichern, dass Sie sich nur aus akademischen Gründen für diese Sache interessieren, brauchen Sie dafür keine Gebühren zu bezahlen. Wir werden den Grund herausfinden, weshalb Sie den Gewinn nicht bekommen konnten. Was ich Ihnen zeigen kann, ist nicht direkt ein *Nâdi,* aber etwas Vergleichbares. Man nennt es Ramala. Es kommt aus Arabien. Manchmal erhalten wir aus ihm wunderbare Hinweise, und manchmal ist es unangenehm, weil es so kompromisslos und unbarmherzig ist."

„Wie kann man darin nachschlagen?", fragte er.

„Bringen Sie ein paar Blumen und Früchte. Wir errechnen die Zahl und werden mit Hilfe einer kleinen Berechnung die Seite herausfinden."

Er brachte Blumen und Früchte. Dann fanden wir folgenden Text: „In seinem 36. Lebensjahr wird er durch Pferderennen reich werden."

„Das stimmt. In allen *Nâdi*-Büchern wird immer das 36. Lebensjahr erwähnt. Aber unglücklicherweise vollende ich übermorgen mein 36. Lebensjahr. Wie kann man sich nun darauf verlassen?"

„Wir wollen alle Zeilen lesen", unterbrach ich ihn und las weiter vor: „Die Person gehört zu einer traditionellen orthodoxen Familie seines Dorfes. Seine Religion erlaubt ihm nicht, tierische Nahrung zu essen und berauschende Getränke zu sich zu nehmen. In diesem Leben verpasst er die Gelegenheit, Reichtum anzuhäufen, weil er tierische Nahrung isst und Alkohol trinkt."

Als ich diese Zeilen vorlas, wurde Chandra Raos Gesicht so blass wie der Mond am Morgen. „Ich glaube, dass stimmt nicht", sagte er matt. „Ist es möglich, dass auch bei dieser Methode die Berechnungen manchmal falsch sind?"

„Unmöglich. Aber warum haben Sie Angst, wenn Sie keine tierische Nahrung essen und keinen Alkohol trinken?", sagte ich.

„Ist damit gemeint, dass ich nichts davon zu mir nehmen soll, nachdem ich diese Zeilen gelesen habe, oder soll ich es von Anfang an nicht tun? Was bedeuten die Zeilen?", fragte er.

Ich las weiter aus dem Buch vor: „Wir haben genug Informationen gegeben. Er ist in seinem Denken unehrlich. Mehr kann nicht erklärt werden."

## Ein dramatischer Abgang

„Ich habe genug von dieser Gesellschaft. Ich habe mein Vertrauen in die Menschheit als Ganzes verloren. Es gibt keine Ethik, sie ist nur auf den Lippen der Leute. Es gibt keine Reinheit in den Gedanken, außer in *Yoga*-Kursen. Aber für dich, *Swâmiji*, hätte ich diese widerwärtige Welt schon vor langer Zeit verlassen."

„Meinst du die Welt oder deinen Körper?", fragte der *Swâmiji* mit einer Miene schelmischer Lösgelöstheit.

„Nein, so wie die Dinge stehen, gibt es für mich keine Welt", fuhr Prabhu fort. „Ich laufe vor dem Phantom der Menschheit weg, um unter deinen Lotusfüßen Schutz zu suchen."

„Ich hätte gern, dass du meine Füße weiterhin die Erde berühren lässt. Weder habe ich Zeit noch Lust, mit meinen Füßen auf deinem Rücken ins Taumeln zu geraten. Bevor du mich zwingst, auf dich zu klettern, musst du auf deinen vier Beinen kriechen. Mein Junge! Ich verstehe, dass deinem Denken eine ernste Angelegenheit Schwierigkeiten bereitet. Mein gesunder Menschenverstand sagt mir, dass du in deinem Alter ein Problem mit der Heirat hast. Wenn du auch nur ein wenig Respekt vor diesem armen *Swâmiji* hast, dann sprich geradeheraus, einfach und kurz. Mein Ethos erlaubt mir nicht zu sagen, dass ich keine Zeit habe, dir zuzuhören. Dennoch bin ich klein genug, um zuzugeben, dass ich noch andere Arbeit habe", sagte der *Swamiji* und blickte auf das ewig wiederkehrende Wunder der untergehenden Sonne, die in unaussprechlichen, wechselnden Farbtönen gemalt war.

Prabhu begann noch einmal mit seinem Thema: „*Swâmiji*! Ich halte nichts vom Heiraten, um eine Familie zu haben. Ich wünsche mir aufrichtig, eine solche Frau zu heiraten, dass wir beide uns vollkommen deiner Arbeit und deiner Aufgabe widmen können."

„Ein angenehmes System mit Hilfe der Heirat. Kann ich davon ausgehen, dass du bereits eine solche Frau gefunden hast?", fragte der *Swâmiji*, während er in die sich fortwährend verändernden Hieroglyphen in den Rotschattierungen über der untergehenden Sonne schaute.

Prabhu gab preis: „Weil ich eine solche Lebensgefährtin finden konnte, wagte ich, dir diesen Vorschlag zu machen. Mein Denken wird zu ihr wie zu einem Magneten hingezogen. Nicht weil mein Denken wie das von allen anderen wäre, sondern weil dieses Mädchen von Natur aus etwas hat, das sie befähigt, sich ein Leben lang dem Dienst für dich zu weihen."

„Ich würde gern von den astralen Verwicklungen deiner Forderung verschont bleiben. Ich wünschte, mir würde es an Leuten fehlen, die mir dienen möchten. Sieh, wie der leise Wind die Zweige am Baum zwischen die Farben des Himmels und meine klare Sicht treten lässt."

Prabhu verfolgte sein Thema weiter: „*Swâmiji*! Über die Meister der Weisheit spricht sie wie ein Engel. Sie singt wie eine Nachtigall, jedoch nur Lieder zu deinem Ruhm und zum Ruhm des Herrn. Sie ist nur inkarnierte *Bhakti* und sonst nichts."

„Ich fürchte, der Herr könnte aufgrund der einschmeichelnden *Bhakti* seine Fassung verlieren, obwohl ich ganz sicher bin, dass ich dadurch nicht aus dem Gleichgewicht geraten werde. Selbst die *vedischen* Dichter bekunden, dass Gott den Schmeicheleien erliegt, die ihm durch *Bhakti* dargebracht werden. Es ist ein starkes Argument, um die Notwendigkeit eurer Heirat zu begründen. Gleichzeitig ist es für den *Swâmiji* eine Schwachstelle. Erleuchte deinen *Guru* und sage mir, was ich in dieser Angelegenheit zu tun habe. Manchmal sind sogar *Swâmijis* hilflos und können ihre Pflichten nicht begreifen", sagte der *Swâmiji,* als ein strahlendes Lächeln durch seine schönen Zähne schlüpfte.

Prabhu schnitt das Thema noch einmal an: „*Swâmiji*! Ich möchte, dass du heute einige meiner Zweifel klärst: Was ist richtig, und was ist falsch? Das Mädchen, das ich heiraten möchte, will sich mir unbedingt zur Heirat anbieten. Ihre Eltern sind nicht fortschrittlich genug, um sie zu verstehen. Ein Kennzeichen unserer Nation sind ihre unvollkommenen Eltern."

„Ja, es ist ein nationales Problem. Hättest du bloß zweimal darüber nachgedacht, bevor du als Inder geboren wurdest, dann hätte der *Swâmiji* einen angenehmen Abend gehabt. Zuerst sage mir, ob es nicht eine moralische Schwäche der *Swâmijis* ist, voller Güte und Herzlichkeit zu sein. Erleuchte mich noch weiter!", sagte der *Swâmiji,* und sein Lächeln kam im Leuchten des Sonnenuntergangs wie ein roter Lichtstrahl zum Vorschein.

Prabhu enthüllte den geheimen Plan: „Ich lege dir die ganze Situation zu Füßen. Ich bringe das

Mädchen zu dir. Sie hat zugestimmt, sich dir zum Dienst anzubieten. Du hast jedes Recht, die Interessen jener zu schützen, die zu deiner Gruppe gehören."

„Du weißt, dass der *Guru* alle Macht hat, das Leben eines einzelnen Menschen zu beanspruchen. Du weißt auch, dass die Eltern die ersten *Gurus* eines Kindes sind. Das trifft zu, solange der spirituelle *Guru,* der mit seinem Dienst später als die Eltern beginnt, nicht danach verlangt, seine Grenzen zu überschreiten", sagte der *Swâmiji,* während er den letzten roten Lichtstreifen in der untergehenden Sonne betrachtete...

* * *

„Jetzt ist alles sehr dunkel. Sofern jemand sich nicht selbst fühlt, kann in dieser Menschenwelt keiner den anderen und auch nicht sich selbst sehen. Die arme *Brahma Vidya* scheint durch die Dunkelheit, und sogar die *vedischen* Seher sind in dieser Situation hilflos. Sie singen das Lob des Herrn als *Krishna.* Aber dieser dunkle Kamerad ist so schelmisch und übermütig, dass er für andere eine Gelegenheit schafft, ihn und seine Geschichte mit den *Gopîs* zu imitieren. Trotz der Dunkelheit spüre ich die Gegenwart einer dritten

Person", sagte der *Swâmiji,* während er laut nachdachte.

Prabhu stand mit seiner Antwort bereit: „Ja, *Swâmiji*! Ich habe sie jetzt mitgebracht, sogar ohne das Wissen ihrer Eltern. Ich habe keine Angst, wenn du da bist. Du segnest uns, und unsere Heirat wird durch ein Zauberwort von deinen Lippen innerhalb einer Sekunde vollzogen sein."

„Ich erwarte das Zauberwort von zwei anderen Lippen. Sie reichen weit über mein Format hinaus. Gott ist auch in der Gestalt ihrer Eltern gegenwärtig. Unser Verlangen kann nicht zum *Dharma* erhoben werden, indem man den Wunsch durch die Lippen einer Person nötigt, die bis zu diesem Augenblick unpersönlich war. Stell dir vor, dass du morgen Vater sein wirst. Hast du nicht so viel Mitgefühl, dass du deine Tochter auf den Weg führst, dem die Weisen der Vergangenheit gefolgt sind? Disziplin ist die richtige Richtung, in die wir, die Menschen, geführt werden müssen. Die Tatsache, dass Disziplin uns in einer Situation beschwerlich ist, macht eine disziplinierte Haltung nicht überflüssig. Du hast zwischen Disziplin und Verlangen gewählt. Das bedeutet, du hast zwischen mir und deinem Vorhaben gewählt. Der einfache Tatbestand, dass du sie ohne die Zustimmung ihrer Eltern hierher gebracht hast, zeigt mir, dass dies kein Platz für mich ist."

Am nächsten Morgen fand sich eine große Menschenmenge vor der Einsiedelei des *Swâmiji* ein. Nach langem Diskutieren und Nachforschen fand man heraus, dass der *Swâmiji* die Einsiedelei für immer verlassen und alles im *Ashram* zurückgelassen hatte.

## Die Berührung des Weisen

Der Himmel über dem Dorf atmete den Namen von Lord *Krishna,* während die vielen Menschen aus dem Dorf in einer Prozession gingen und dabei den heiligen Namen sangen. Die Straßen waren vom Menschenstrom überflutet, und die Prozession bewegte sich langsam und majestätisch vorwärts. Es war, als würde der Wagen Tausende von Menschen ausatmen, während er gleichzeitig die Menschenmenge wie eine feste Masse weiterschob. Es war die Szene des jährlichen Wagenfestes des Herrn.

Ein kräftiger, großer, schwerer Mann, der ordentlich gekleidet war, schaute durch seine Goldrand-Brille auf eine Stelle, die seine Aufmerksamkeit anzog. Er trug einen edlen Handkoffer, in dem er Geld und einige wichtige Papiere hatte. In seiner Tasche befand sich eine Geldbörse von mittlerer Größe, die einen kleinen Geldbetrag in verschiedenen Banknoten enthielt.

Während er sich vorsichtig in der Menschenmenge bewegte, sah er einen *Sâdhu* von etwa 18 Jahren, der in *Padmâsana*-Haltung saß und ein Handtuch vor sich ausgebreitet hatte. Offensichtlich war er ein Bettler, aber sein Gesicht sah anders aus. Sein Ausdruck war von Zufriedenheit erfüllt, und seine Augen suchten in der Menge nach etwas. Mit Sicherheit suchten sie nicht nach den wenigen Münzen, die ihm von den Pilgern aus Barmherzigkeit zugeworfen wurden. Die Augen achteten nie darauf, ob etwas auf das vor ihm liegende Handtuch geworfen wurde. Er schaute in die Augen der Vorübergehenden und warf den Augen, die er erhaschen konnte, ein faszinierendes Lächeln zu. Jene, die ihn bemerkten, warfen ihm kleine Münzen zu, um ihm zu einem Essen zu verhelfen.

Damodar, der reiche Mann, ging an dem *Sâdhu* vorbei, und seine Augen wurden von den klaren, lächelnden, glänzenden Augen des *Sâdhu* eingefangen. Trotzdem gelang es Damodar, der Versuchung zu widerstehen, auch ein paar Münzen zu werfen, und er drängelte sich weiter vorwärts. Der Versuchung, sich noch einmal umzusehen, konnte er jedoch nicht widerstehen. Und siehe da! Er entdeckte etwas Seltsames und Interessantes. Der *Sâdhu* las die Münzen auf, die ihm hin und wieder von den Pilgern zugeworfen wurden. Wo versteckte oder sammelte er die Münzen? Der *Sâdhu* war fast nackt. Er trug nichts als ein Kaupin, ein Lendentuch. Hunderte von Münzen warfen die Pilger auf das Handtuch, die er sofort aufsammelte. Trotzdem waren seine Hände immer leer und frisch. Es schien, als würden die Münzen in seinen Handflächen verschwinden. Seltsam! Bisher hatte Damodar *Sâdhus* gesehen, die Gegenstände aus ihren Handflächen hervorholen konnten, und jetzt sah er einen, in dessen Händen die Münzen verschwanden.

Mit verstohlenem Blick ging Damodar zurück, um noch einmal an dem *Sâdhu* vorbeizugehen. Dabei entdeckte er etwas Unerwartetes. Sobald der junge Mann die Münzen aufgesammelt hatte, warf er sie wieder in die Menschenmenge zurück. War er verrückt? Oder war er Gott? Da die Menschenmenge so unglaublich groß war und die einzelnen Menschen in der Masse ständig weitergedrängt wurden, konnten die Münzen, die der *Sâdhu* zurückwarf, unmöglich von denselben Personen aufgefangen werden, die sie geworfen hatten. Einige warfen ihm die Münzen zu, während andere sie von ihm empfingen. Wer Münzen geworfen hatte, konnte ganz offensichtlich nicht erkennen, dass die Münzen zurückkehrten. Ein paar

Kinder von armen Eltern hielten sich in seiner Nähe auf, um die Münzen aufzufangen. Immer wieder liefen sie um den *Sâdhu* herum und sammelten die Münzen auf.

Damodar konnte nicht anders – nachdem er vorbeigegangen war, musste er sich noch einmal umdrehen. Jetzt erkannte er noch etwas Seltsames! Sobald der *Sâdhu* die Münzen berührte, verwandelten sie sich, bevor er sie zurückwarf, in Goldmünzen. Ganz offensichtlich sammelten die armen Kinder Goldmünzen auf, während die Pilger Kupfer- und Nickelmünzen warfen. Damodars Aufmerksamkeit war gefesselt. Noch einmal ging er zurück, zog die Geldbörse aus seiner Tasche, öffnete sie und sah, dass nur Geldscheine und keine Münzen darin waren. Er strich über die Geldscheine in der Börse und dachte nach.

„Ich kenne deinen Zweifel", sagte der *Sâdhu* unvermittelt zu Damodar und verblüffte ihn mit seinen Worten. „Sogar Geldscheine können durch meine Berührung in Gold verwandelt werden. Du musst nur dafür sorgen, dass du sie auch auffangen kannst, wenn ich sie zurückwerfe. Die Welt ist ein berstendes, konkurrierendes Gedränge. Pass auf, dass dich niemand auf die Seite drängt und dein in Gold verwandeltes Geld auffängt, wenn ich es zurückwerfe."

Damodar stand zwei Minuten da, versunken in Unschlüssigkeit. Schließlich wollte er eine, zwei oder drei seiner 100-Rupien-Scheine werfen, um es zu probieren. Doch vorher wartete er noch ein paar Minuten, um auf Kosten der anderen Leute die Richtigkeit zu überprüfen. Er wollte erst ganz sicher gehen und es anschließend wagen. Er entschloss sich und zählte ein, zwei oder drei seiner 100-Rupien-Scheine ab, um sie dem *Sâdhu* zuzuwerfen.

„Zählen disqualifiziert. Wer zählt, erhält kein Gold. Mein *Siddhi* erfüllt sich nur für jene, die Geld werfen, ohne darauf zu schauen. Wirf die ganze Geldbörse und versuche dein Glück. Du hast noch eine größere Geldbörse in deiner Tasche. Wirf die ganze Tasche, ohne sie aufzumachen, und dann sieh, ob alles für dich zu Gold geworden ist", sagte der *Sâdhu* lächelnd.

Damodar war unschlüssig. Es schien, als würde der *Sâdhu* mit kleinen Münzen experimentieren, um größere Geldbeträge zu erbeuten. Bestand nicht das Risiko, dass der *Sâdhu* mit der Tasche verschwand? Aber gleichzeitig wusste Damodar, dass er eine große Gelegenheit verpassen würde, falls sein Zweifel unbegründet war. Wann immer er Geld investieren wollte, barg jedes große Geschäft das gleiche Risiko. Jetzt war er sich nicht sicher, wie viel Geld er in seiner Geldbörse und in der Tasche hatte. Zu Hause hatte er nicht gesehen, ob seine Frau die 50 000 Rupien in seine Tasche gesteckt hatte oder nicht.

„*Sâdhu Mahârâj*! Kann ich dich morgen noch einmal treffen? Ich möchte dir die Tasche mit einem noch größeren Geldbetrag zuwerfen“, sagte Damodar und faltete seine Hände zu einem Gruß.

„Ich bin heute hier. Ich habe kein Morgen. Ich weiß nicht, wo ich morgen sitzen werde. Es hängt ganz von dem Fest des Tages ab“, antwortete der *Sâdhu*, während er sich wieder damit beschäftigte, die Münzen von seinem Handtuch aufzusammeln und sie jenen zuzuwerfen, die sie aufsammeln konnten.

## Das größte Opfer

„Ich bin der einzige Sohn meiner Eltern. Trotz des sehr großen Wohnhauses in meiner Heimat, das mit allen modernen Vorzügen und Annehmlichkeiten ausgestattet ist, trotz des Grundbesitzes und der Bankkonten meiner Familie fühle ich mich in unserem Haus überhaupt nicht wohl. Meine Eltern sind orthodox, und sie halten streng an ihren Prinzipien fest, die mir in keiner Weise helfen. In der Umgebung, in der ich geboren wurde, gibt es nichts, was meinen Fortschritt fördert, und die Mentalität meiner Eltern bildet keine Ausnahme. Mein Vater wollte mir eine Ausbildung unter idealen Umständen zukommen lassen, aber er war nicht in der Lage, meine Bedürfnisse zu verstehen. Vergeblich wartete ich darauf, und schließlich hatte ich alles satt. Mein sich entwickelndes Denken und erweiterndes Bewusstsein verlangten nach einer Veränderung. Ich konnte dem Verlangen nicht widerstehen, meine Heimat zu verlassen und zu dir zu gehen, um meinen Weg zu finden. *Swâmiji,* in deinem *Ashram* finde ich alles so lebendig, und jeder ist mit der einen oder anderen Arbeit beschäftigt. Ich hoffe, dass du mir erlaubst, in deinem

*Ashram* einen Platz zu finden und mich hier für immer niederzulassen“, sagte Radhamohan. Er war bezaubert von dem leisen Abendwind in dem farbenprächtigen Dschungel des Himalaya-Tals. Vor ihm stand der *Swâmiji* wie ein lächelnder Turm, durch dessen Augen die Lichter der inneren Bewusstseinsräume strahlten.

„Arbeite! Arbeite! Eigene Arbeit macht den Menschen lebendig. Vor vierzig Jahren, mein Kind, war dies alles ein dichter Dschungel, ein Durchgang mitten durch die Stadt der Schlangen, Skorpione und des Dickichts. Der Dschungel sprach die verschiedenen Sprachen wilder Insekten. Ich war barfuß, hatte nichts in den Händen und wurde beauftragt, mich hier niederzulassen, um dieses *Ashram*-Dorf zu bauen oder besser: zu erschaffen. Jetzt findest du diesen Ort bewohnbar. Er hat alle Annehmlichkeiten, einschließlich Post- und Telegrafenverbindung. Kein Wunder, dass ein träger Idealist wie du ihn angenehm findet. Du sagst, du hast alles in deinem Geburtsort. Alles ist so eingerichtet, dass es wie ein silberner Löffel in deinem Mund oder wie ein Fußschemel vor deinen Füßen ist. Das macht aus einem Arbeiter einen Denker und verdirbt ihn, so dass er sich in sich selbst zurückzieht und im schlechtbelüfteten Haus seiner eigenen Vorlieben und Abneigungen lebt. Dann bezeichnet sich ein solch hilfloser Mensch gern als Philosoph oder Künstler."

Radhamohan war enttäuscht, da der *Swâmiji* eine überkritische und unfreundliche Haltung zeigte, und er glaubte, zu der falschen Person gegangen zu sein. Trotzdem sagte er: „Ich dachte, Eure Heiligkeit würden mich mit ausgestreckten Händen in ihren göttlichen Busen aufnehmen..."

„So tue ich es immer. Aus der verrückten Welt nehme ich dich mit offenen Händen in mein liebevolles Herz auf. Ich tue es für dich, so wie ich es für jeden tue. Man wird für deinen Magen sorgen. Das ist kein Problem für mich. Du kannst dich selbst prüfen und herausfinden, ob du dich für irgendeine Arbeit meines *Ashrams* eignest. Dieser *Ashram* gehört mir nicht, genauso wie ich mir nicht selbst gehöre. Ich gehöre dem Einen, den ich repräsentiere, und auch du kannst versuchen, dies zu tun. Die Natur ist hier wunderschön, doch du kannst diese Schönheit nur durch deine Arbeit erben. Sieh, wie alle meine Anhänger hier von morgens bis abends arbeiten, ohne ihren Kopf zu heben. Glaubst du, dass sie müde sind? Nein, sie alle spielen mit ihrer Arbeit. Das ist so, weil sie für andere arbeiten. Dieser *Ashram* wurde nicht geschaffen, damit wir Genuss und Vergnügen haben, sondern um andere aufzunehmen. Andere bleiben 'andere', solange sie hier wie in einem Gästehaus leben. Andere werden verwandelt: Sie werden sie selbst und Bewohner dieses *Ashrams*, sobald sie ihre Arbeit finden. Versuche deine Arbeit auszuwählen und finde dich selbst, falls du dich entfalten möchtest. Solltest du keinen Gefallen an dieser Idee finden, kannst du deinen Aufenthalt wie ein Gast genießen."

Radhamohan war bestürzt. Er sagte: „*Swâmiji*! Gib du mir eine Arbeit und führe mich bei jedem Schritt. Sage mir, wie ich vorgehen soll, damit ich nicht das Falsche tue."

„Genau das fordern 99 von 100", lächelte der *Swâmiji*. „Arbeit wird nicht gegeben, sondern sie wird übernommen. Falls du das Gefühl hast, dass dies dein *Ashram* ist, wirst du deine Arbeit erkennen. Erst dann beginnst du dich zu entfalten. Wenn ich dich mit einer Arbeit betraue, bist du nicht besser als ein bezahlter Diener. In diesem Fall ist es leicht, ohne Verantwortung zu arbeiten."

* * *

„*Swâmiji*! Unter den Jüngern des *Ashrams* finde ich niemanden, der höflich und gebildet ist. Sie befehlen mir alles Mögliche und schränken alles ein, egal was ich tue. Alles kommt mir wie ein Buch mit Vorschriften vor. Keiner ist liebevoll und herzlich zu mir. Alle scheinen nur mit ihrer Arbeit beschäftigt zu sein, und niemand kümmert sich um die Leute, die den *Ashram* besuchen. Mit großen Erwartungen bin ich gekommen. Ich möchte *Yoga* lernen, und ich möchte die *Veden*, die *Upanishaden* und die *Bhagavad Gîtâ* kennen lernen."

Der *Swâmiji* lächelte und sah zum Himmel. Er sagte: „Für *Yoga*, die *Veden*, *Upanishaden* und die *Bhagavad Gîtâ* brauchst du nicht so weit zu reisen. Du kannst sie in irgendeinem Buchladen bekommen. Bevor du weißt, was die Schriften sind, solltest du tauglich werden, um sie kennen zu lernen. Die Schriften schlafen nicht in den Büchern. Sie warten darauf, als deine Nachbarn zu dir zu kommen. Prinzipien existieren in Büchern, nur um in den Personen deiner Umgebung zum Leben zu erwachen. Wie kannst du mit den Arbeitern hier zurechtkommen, wenn du mit deinem Vater, deiner Mutter und deinem Dorf nicht zurechtkommst?

Lass das Denken zur Ruhe kommen, bevor das Wasser in dir rein geworden ist. Dafür kannst du solange hier bleiben, wie du möchtest oder zu deinen Eltern zurückkehren. Solltest du es vorziehen, denselben Fehler noch einmal zu machen, das heißt, zu einem anderen *Ashram* zu gehen, um dort dein Glück zu versuchen, musst du denselben Vorgang dort weiterführen, bis du dich irgendwo niedergelassen hast. Es ist nicht meine Aufgabe, dir etwas über meine Leute klar zu machen. Unser Tagesablauf hier schließt das ein, was du *Veda, Yoga* oder *Bhagavad Gîtâ* nennst. Diese Leute sind so trainiert, dass sie sich nicht schonen. Sie haben ihren Körper, ihr Denkvermögen, ihre Gedanken, ihre Vorlieben und Abneigungen für die Arbeit, die sie tun, geopfert. Du hast deinen Körper angeboten und dein Denken und deine Vorlieben für dich behalten. Dein eigener Standpunkt bindet dich hier genauso wie zu Hause. Du verurteilst andere, weil du deinen eigenen Standpunkt hast. Unterwirf deinen Standpunkt einem bekannten oder unbekannten Gott. Dann bist du befreit. Bis dahin warten die Schriften und klopfen an deine Tür."

Radhamohan warf sich nieder und berührte den Staub vor den Lotusfüßen des *Swâmiji*.

## Eine gute Rückkehr

„*Swâmiji*, erst gestern habe ich erfahren, das Euer Lordschaft an diesen Ort gekommen ist. Gesegnet ist der Staub dieser Stadt, den Ihre Füße berühren. Ich bin 18 Meilen gereist, um in den Genuss zu kommen, die Lotusfüße des *Swâmiji* zu berühren. *Swâmiji*, segnen Sie mich. Ich bin Ihr *Bhakta*. Dieser Körper gehört Ihnen." Chalapathi warf sich mit seiner ganzen Länge auf den Boden und berührte die Füße des *Swâmiji* mit seinen beiden Händen, mit dem Kopf, dem Gesicht, der Nase und den Lippen. Dabei kroch er langsam vorwärts und hielt die Füße fest in den Händen. Aufgrund der Erfahrung, die er gesammelt hatte, gelang es dem *Swâmiji*, sein Gleichgewicht zu halten.

„Steh auf, mein Junge", sagte der *Swâmiji*, „was möchtest du? Ich muss dich segnen, damit du zufrieden bist."

Der *Bhakta* flehte ihn an: „Ich habe so viele Feinde, mein Herr. Sagen Sie mir, wie ich gegen meine Rivalen ankommen kann. Jeder ist neidisch auf meinen Reichtum. Wie lange kann ich diese Schwierigkeiten ertragen? Wie lange kann ich in diesem Ozean von *Samsâra* schwimmen? Retten

Sie mich vor jenen, die meinen Wohlstand nicht dulden."

Der *Swâmiji* lächelte und sagte: *„Hare Râm.* Möge der Herr dich aus der Unwissenheit erretten. Der Herr hat dir großen Reichtum und alles gegeben, was dein Glück vergrößern kann. Warum denkst du immer noch an dein selbst geschaffenes Unglück wie deine Feinde und Rivalen? Denke an deine Frau, an deine Kinder und ihr Wohlergehen. Denke an das, was du zu tun hast, was du isst und trinkst. Lerne weise und glücklich zu sein."

Während er sprach, tupfte der *Swâmiji* etwas heilige Asche auf Chalapathis Gesicht. Chalapathi wiederholte: „Geben Sie mir die Macht, alle meine Feinde zu töten. Es kann ein *Mantra,* ein Kraut oder etwas anderes sein."

Der *Swâmiji* lächelte über Chalapathis Unwissenheit. Er gab ihm ein *Mantra* und erklärte seine Bedeutung: „Alles Schlechte, was meine Feinde von mir denken, soll zu ihnen zurückkehren." Dann sagte er: „Sprich es dreimal am Morgen, während du dein tägliches *Pûjâ* ausführst. Sorge dafür, dass Gutes zu deinen Gönnern zurückkehrt, die gut von dir denken. Sonst wird dir dieses *Mantra* Schaden zufügen."

Der Satz, der Chalapathi gegeben worden war, erwies sich tatsächlich als wirkungskräftig. Schon nach wenigen Tagen erfuhr Chalapathi, dass einer seiner Feinde ernsthaft erkrankt und bettlägerig war. Er war sehr froh.

In jener Nacht hatte er einen schrecklichen Traum. Ihm träumte, dass der Himmel von dunklen Wolken bedeckt war. Es donnerte und blitzte. Die Wolken rissen auf, und eine schreckliche Gestalt mit weit geöffnetem Mund, herausgestreckter Zunge und schaurigem Gelächter zeigte ihre langen Fangzähne. Ihre Haare standen zu Berge, und sie war nackt. In der Hand hielt sie ein langes, flaches, gebogenes Schwert, und sie sprach Chalapathi an: „Ha! Ha! Du hast mich gebeten, deinem Feind Schaden zuzufügen, und das habe ich getan. Was gibst du mir dafür? Jetzt brennt mein Körper vor Hunger. Gib mir jemanden zu essen.“

Chalapathi antwortete prompt: „Iss meinen Feind. Du kannst alle Feinde aufessen.“ „Das ist nicht so leicht, wie du sagst“, antwortete der Teufel. „Für jeden deiner Feinde muss ich einen aus deiner Familie aufessen. Jetzt gib mir jemanden. Kann ich deine Frau nehmen?“

Chalapathi fuhr vor Angst hoch und wachte auf. Es war tiefe Nacht. Er sah, dass seine Frau stöhnte. Sie hatte hohes Fieber, Kopfschmerzen und musste sich übergeben. Chalapathi war völlig verstört. Er öffnete die Haustür, lief die Straße entlang und eilte zur Wohnung des *Swâmiji*. Als er vor ihm stand, öffnete der *Swâmiji* seine Augen und lächelte. Chalapathi erzählte ihm alles und bat um Hilfe.

Der *Swâmiji* sagte: „Du solltest den Satz bei deinem *Pûjâ* wiederholen, aber du solltest nie den Gedanken haben, dass deine Feinde sterben sollen. Das *Mantra* schlägt vor: Was immer die anderen von dir denken, soll zu ihnen zurückkehren. Das gilt für Gutes und Böses. Hast du jemals die Absicht gehabt, etwas Gutes zu irgendeinem deiner Gönner zurückkehren zu lassen? Hättest du es getan, wäre das, was du erlebt hast, nicht vorgekommen. Alles Gute, was du deinen Freunden vorschlugst, wolltest du für dich selbst haben. Immer wenn deine Gönner etwas vorhatten, was für dich hilfreich war, hast du die Gelegenheit beim Schopf gepackt und in deinem Geschäft Gewinne machen können. Du hast Freunde in Ministerien, Banken und Geschäftskreisen. Alle helfen dir. Du hast noch nie daran gedacht, irgendeinem von ihnen zu helfen. Deshalb ist der Geist deiner Freunde nicht mit dir. Du denkst immer nur an deine Feinde, und so ist ihr Geist bei dir in deinen Träumen."

Chalapathi flehte: „*Swâmi,* retten Sie zuerst meine Frau. Seien Sie barmherzig."

Der *Swâmiji* lächelte und sagte: „Rette einen von jenen, die dir geholfen haben. Es ist ein kleiner Angestellter in deiner Dienststelle. Er hat dich vor einem großen Steuerverlust bewahrt. Tag und Nacht hat er für dich gearbeitet. Morgen ist *Divâli,* und dein Angestellter steht hilflos und blass vor seiner Frau und den Kindern. Er hat Schulden, und sein Gehalt wurde von einem Schuldner weggenommen. Seine Frau und die Kinder wollen etwas zu essen haben, wenn sie schon keine neuen Kleider und Knusperkekse bekommen.

Rette deine Frau, indem du zu dem Haus deines Angestellten gehst und ihm sofort 500 Rupien schenkst. Es ist dein *Guru Dakshina* für das *Mantra,* das du bekommen hast. Erinnerst du dich, dass du deinem *Guru* kein *Dakshina* bezahlt hast? Wenn du nicht die Freundlichkeit besitzt, deinem Angestellten gegenüberzutreten, dann bezahle mir dein *Guru Dakshina,* damit ich es deinem Angestellten geben kann."

Als Chalapathi nach Hause eilte, um das Geld zu bringen, sah er, dass seine Frau ruhig und gesund schlief. Chalapathi stand unvermittelt aus seinem Bett auf und erkannte, dass alles nur ein Traum war.

## Existenzkampf

Ein großer, schlanker Herr mit kahler, halbmondförmiger Stirn betrat das Erste-Klasse-Abteil mit vielen Gepäckstücken, die von einem Kuli gebracht wurden. Er selbst hatte eine Aktentasche in der rechten und ein Kissen in der linken Hand. Auf dem Kissenbezug waren die Worte 'Süße Küsse' gestickt. Seine Geliebte, die älter als 50 Jahre war, sagte ihm ein herzliches Lebewohl, als der Calcutta-Express vom Bahnsteig in Visakhapatnam in Richtung Madras abfuhr. Der herannahende Wirbelsturm hatte das Wetter abkühlen lassen, und es nieselte. Als der Zug schneller fuhr, fing mein Mitreisender an, viele Sachen aus seiner Reisetasche auszupacken und sie auf den übrigen Sitzen, außer auf seinem und meinem Platz, zu verteilen. „Das Wetter ist schlecht", sagte er, als er sein Bett herunterließ. Dabei hatte er seine übereinandergeschlagenen Beine auf dem Holzbrett hochgelegt.

„Ja", sagte ich, und er fuhr fort: „Zur Zeit ist Vizag sehr schmutzig. Ich hasse die Slums von Vizag und auch die Leute, die dort leben. Nirgendwo Hygiene, sehr schmutzige Lebensgewohnheiten. Die Leute kaufen Nahrungsmittel, die offen herumliegen, von Fliegen übersät sind und essen auf unsaubere Art."

Ich wusste nicht, wie ich bei seinem Gespräch mitmachen konnte. Während der Zug von der schleichenden Dunkelheit der Abenddämmerung in die Nacht fuhr, öffnete er einige Dosen, in denen sich Brot, Kekse und Kuchen befanden. Er öffnete sein Marmeladenglas sowie Päckchen mit Butter und richtete alles wie ein Laboratorium ein. Wie ein müßig umherstreichender Tiger im Wald beendete er etwa nach einer Stunde sein Mahl und ließ sich dann wieder auf sein Bett gleiten.

Als der Zug in die Tiefen der Nacht raste, hörten wir die Stimmen der stürmischen Winde, die durch unsere Fenster brausten. Wir schlossen die metallenen Rolläden und hörten das Pfeifen des bedrohlichen Sturms. Gegen 20.30 Uhr hielt der Zug und blieb eine Stunde lang stehen. Bei dem heftigen Regen und Sturm waren weder ein Bahnhof noch ein Bahnsteig zu sehen. Mit größter Mühe konnten wir verstehen, dass der Zug in Samalkot stand. Nach einer Stunde setzte er sich quälend langsam in Bewegung, so als würde er nicht fahren wollen. Der Express schleppte sich zwischen den heftigen Sturmböen dahin. Als der Zug die Godavari-Brücke überquerte, war es wirklich furchterregend.

Vor Mitternacht hielt er im Bahnhof von Tadepalligudem, und es wurde bekannt gegeben, dass der Zug bis zur nächsten Lautsprecherdurchsage nicht weiterfahren würde. Zusammen mit anderen Fahrgästen trauten wir uns, bis zum Bahnsteig zu laufen. Dort konnten wir uns glücklicherweise eine ausreichende Menge heißer Idlis besorgen. Wir nahmen die Idlis in unser Zugabteil mit. Während wir aßen, erklärte unser Freund, wie ungesund es sei, so zu essen, da die Restaurants nicht sauber seien. Geduldig aßen wir unsere Idlis zusammen mit seinen Bemerkungen. Danach schliefen wir ein. Als wir aufwachten, befanden wir uns immer noch in demselben Bahnhof. Inzwischen war es 8 Uhr morgens. Wir wuschen uns und wollten uns erkundigen, ob es auf dem Bahnsteig etwas zu essen gab. Glücklicherweise fanden wir Vadas und Idlis. Wieder verzehrten wir sie in unserem Abteil zusammen mit den Anmerkungen unseres Freundes. Er blieb standhaft, aß nichts und wusch nicht einmal sein Gesicht. Ich entdeckte, dass er alle seine Kekse und sein

Brot am Abend zuvor aufgegessen hatte. Bestenfalls hatte er noch ein halbes Glas Marmelade übrig behalten.

Der Zug fuhr schrecklich langsam an, ohne dass es irgendwelche Mitteilungen oder Durchsagen gab. Gegen 10.30 Uhr hielt er in einem kleinen Bahnhof, und man hörte eine Durchsage, dass er nicht weiterfahren würde. Mit kläglichen und hungrigen Blicken schaute unser Freund nach draußen, aber er sah nur eine sehr kleine Haltestelle, bei der überhaupt nichts zu essen angeboten wurde. Die Zeiger unserer Uhren liefen weiter, und es war gegen 11.30 Uhr. In unser Abteil kam ein kräftiger junger Muslim. Er war vollkommen durchnässt, aber er hatte einen Korb bei sich, der mit einem Tuch aus Plastik ganz zugedeckt war. Er öffnete ihn und präsentierte eine Menge Masala-Speisen, zum Beispiel Vadas und Bondas. Sie waren sehr einfach zubereitet und hart wie Stein. Das konnte man ihnen ansehen. Ganz offensichtlich waren sie schon am Vortag zubereitet und dann aufbewahrt worden. In ihrem Kampf gegen den Hunger trauten sich ein paar Leute, sie zu kaufen. Unser Freund schaute sie sehnsüchtig an und blickte anschließend zu mir herüber, so als ob er sich an seine Bemerkungen über das Essen erinnerte. In unglaublich kurzer Zeit, etwa fünf Minuten, war fast alles Essbare verschwunden. Plötzlich sprang mein Freund auf und kaufte alles, was noch im Korb übrig geblieben war. Sogar ohne sich sein Gesicht gewaschen oder die Zähne geputzt zu haben, aß er jedes noch so kleine Stück davon auf und vergrub anschließend sein Gesicht zwischen den Seiten eines Buches, das er aufschlug. Nicht einmal wagte er aufzublicken. Es war offensichtlich, dass er es seinen Augen nicht zu gestatten vermochte, den meinen zu begegnen.

## Die Geschichte von 'Ebbe und Flut'

„Doktor, wir haben erst vor zwei Monaten geheiratet. Nach dieser kurzen Zeit von zwei Monaten hängen wir so aneinander, dass meine Frau nicht in der Lage ist, meine Abwesenheit zu ertragen. Inzwischen habe ich entdeckt, dass sie überaus empfindlich und ängstlich geworden ist, wenn sich irgendetwas im Haus bewegt. Ursprünglich schien sie recht stabil zu sein, aber in letzter Zeit neigt sie dazu, über alles zu erschrecken und jede Bagatelle als ein schlechtes Vorzeichen zu deuten. Jetzt ist innerhalb von drei Tagen eine Krise eingetreten. Natürlich, denn ihre Periode hat sich etwas verzögert. Ich vermute, dass sie schwanger ist, aber das bringt nicht einen solchen Zustand mit sich. In diesen drei Tagen hat sie kein Auge zugetan. Genau gesagt, sie scheint panische Angst vor dem Schlafen zu haben", berichtete Raman.

Der Arzt bat Ramans Frau Kamala, sich ruhig hinzusetzen. Er stellte ein Foto von Meister *CVV* auf, forderte sie auf, es anzuschauen und tupfte *Kum-Kum* zwischen ihre Augenbrauen. Nach zwei Minuten war sie friedlich eingeschlafen.

* * *

„Ich habe nicht die Absicht, dich zu töten. Ich will dich auch nicht fressen, obwohl ich ein Menschenfresser bin. Ich habe keine andere Möglichkeit, als in dieser abstoßenden Gestalt vor dir zu erscheinen und dich zu belästigen. Und selbst das geht gegen mein Gewissen", sagte der Teufel, der vor Kamala stand. Er hatte nur ein halbes Gesicht. Die andere Hälfte war in der Form eines hässlichen, abscheulichen Halbmondes zerschmettert. Der Teufel streckte seine Zunge heraus, die auch nur noch zur Hälfte vorhanden war. Auf seinem Schmerbauch waren Wunden und Schrammen. Seine Haare waren in Strähnen abgeschnitten und verunstaltet, die verbleibenden Haare waren unordentlich in ein Netz gestopft. Mit einem tödlichen Schrei erwachte Kamala aus dem Schlaf. Ihr Mann nahm sie in seine Arme.

Der Arzt bat den Mann, sich keine Sorgen zu machen und versetzte Kamala mit Erfolg in Hypnose. Dann flüsterte er ihr ins Ohr: „Wir haben nicht die Absicht, dir etwas zuleide zu tun. Sage mir, wer du bist und weshalb du diese junge Frau so quälst."

Der Teufel begann durch Kamalas Lippen zu sprechen: „Es ist eine traurige und unglückliche

Geschichte. Ich war eine Mutter von sechs Kindern, und mein Mann war sehr liebevoll zu mir. Vor kurzem gab es während des Wirbelsturms plötzlich eine Flutwelle. Ich wurde mitgerissen und weggeschwemmt und so über Nacht auf grausame Weise von meinem Mann und den Kindern getrennt. Am nächsten Morgen besuchte ich meine Familie, aber ich hatte nicht bemerkt, dass ich meinen physischen Körper verlassen hatte. Alle waren in Panik. Nach drei Tagen fand man meinen völlig entstellten Körper. Ich folgte meiner Familie und versuchte sie zu trösten, doch ich konnte keinem ein Wort mitteilen. Ich weiß alles. Ich sehe alles, aber ich bin von jeder Verständigung mit ihnen abgeschnitten. Dann stellte ich fest, dass unser Haus eingestürzt war und meine Familie kein Zuhause mehr hatte. In großer Angst und Sorge erwartete ich ihre Wiedereingliederung in die Gesellschaft. Von vielen Seiten kam Hilfe. Die Leute spendeten Geld und Gegenstände, damit alle wieder ein Zuhause bekamen. Es wurden auch Leute bestimmt, die die Häuser für die mittellos Gewordenen aufbauen sollten. Zu denen, die das Geld verteilten, gehörte Kotaiah, der Vater von Kamala. Am ersten Tag erfüllte er seine Pflicht, wie es sich gehört, doch vom zweiten Tag an begann er mit dem Geld zu spielen. Er erhielt die Unterschriften von allen Mitgliedern jeder Familie und gab diese als Unterschriften der Haushaltsvorstände von verschiedenen Familien aus. In deren Namen nahm er die Geldbeträge an sich. So tat er das bei vielen Familien. Vom dritten Tag an konnte er jeden Tag Tausende von Rupien auf die Seite bringen. Infolgedessen bekamen einige Familien überhaupt nichts. Sie kämpfen immer noch um Nahrungsmittel, Kleidung und ein Dach über dem Kopf. Zu diesen gehört auch meine Familie. Mein Mann und meine Kinder ertrugen dies einige Tage. Dann verließen sie elend und unglücklich ihr Dorf, um nach besseren Lebensbedingungen zu suchen. Schon seit langem plante Kotaiah, die Heirat seiner Tochter glanzvoll auszurichten. Jetzt konnte er die Heirat, die er sich gewünscht hatte, festsetzen und die Hochzeit mit der Hälfte des Geldes, das er den Armen weggenommen hatte, ausrichten. Ich wartete auf eine günstige Gelegenheit, während ich meinem Mann und den Kindern folgte. Zur Zeit arbeitet meine Tochter als Dienstmädchen im Haus von Kamalas Schwiegervater. Als der Hochzeitstermin gekommen war, half meine Tochter die

Braut zu schmücken, und ich hatte die Möglichkeit, in Kamala einzutreten. Ich bin diesem jungen Paar gegenüber nicht feindlich gesonnen, aber ich möchte Kotaiah eine Lektion erteilen."

Mit großer Ehrfurcht und Scheu wegen dieses Verhaltens erhob sich Raman. Er sprach zu dem Teufel: „Tatsächlich wollte ich von Kotaiah nie eine Mitgift haben. Er selbst bot meinen Eltern eine Summe von 10 000 Rupien an. Ich stamme aus einer reichen Familie, und auch meine Eltern sind nicht darauf aus, durch meine Heirat Geld zu bekommen. Ich werde sofort 10 000 Rupien von meinem Bankkonto abheben und deiner Tochter geben. Ich bitte dich um deinen Segen für uns und darum, dass du Kamala verlässt."

Erneut tupfte der Arzt *Kum-Kum* zwischen die Augenbrauen von Kamala und sagte: „*Namaskârams* Master *CVV*."

Schwach waren von Kamalas Lippen die Worte zu hören: „Ich überlasse dir Kamala unversehrt. Aber denke daran, Kotaiah lasse ich nicht los. Er muss durch Leiden und Reue bezahlen. Keiner kann dem Recht und der Ordnung der inneren Regierung entkommen. Sie ist jederzeit wachsam und immer unsichtbar."

Kamala erwachte und sagte: „Ich fühle mich sehr schwach.“

Der Arzt empfahl eine Tasse Ovomaltine, und damit war das ganze Problem beendet.

## Die große Vision

Es wurde bekannt gegeben, dass alle Anhänger und Jünger von *Gurudev* Pranavaswarup zu einer Reise eingeladen waren, die mit einem Sonderzug zu allen heiligen Orten Indiens führen sollte. Für Verpflegung, Waschgelegenheiten und alles weitere sollte im Zug gesorgt werden. *Gurudevs* Anhänger sollten die Zeit im Zug mit *Bhajans, Sankîrthans* und spirituellen Vorträgen verbringen. Im Abteil von *Gurudev* wurde eine Mikrofon-Anlage installiert, und in allen anderen Abteilen waren Lautsprecher angeschlossen. Etwa 50 Familien mit Frauen, Kindern und alten Leuten bezahlten den festgesetzten Unkostenbeitrag und folgten *Gurudevs* Einladung. An einem schönen Morgen verließ der Zug den Bahnhof von Visakhapatnam, und *Namasankîrthans* hallten überall durch die Abteile. Die Pilger spazierten durch die Gänge der Abteile und bildeten dann vor dem Speisewagen eine Schlange, als es Zeit zum Frühstück war. Es wurden reichlich Kaffee und Puris serviert. Ramdas und seine Familie verlangten, dass das Frühstück in ihr Abteil gebracht und dort serviert wurde. Sie weigerten sich, in den Speisewagen zu gehen.

„Warum geht ihr nicht dort zum Frühstück?“, fragte Nandakumar.

Ramdas antwortete: „Wir sind mit *Sankîrthans* beschäftigt. Wir tun das nicht für uns, sondern für die ganze Reisegesellschaft. Deshalb müsst ihr dafür sorgen, dass alle unsere Bedürfnisse erfüllt werden. Wer sich um die Bedürfnisse der Gesellschaft kümmert, sollte Priorität haben.“

Nandakumar und seine Frau standen auf und bedienten die Familie von Ramdas. Sie brachten Puris auf Tellern und Kaffeetassen für alle Familienmitglieder von Ramdas. Die Familie begann zu essen und fragte dann: „Wo ist frisches Wasser zum Trinken? Bitte geht und holt es. Lernt richtig zu bedienen und denkt daran, dass ihr auf einer Pilgerreise seid und nicht auf einer Hochzeitsgesellschaft.“

Wieder gingen Nandakumar und seine Frau los, um Gläser mit Trinkwasser zu bringen.

* * *

„Jetzt sind wir in Pandaripur. In zwei Stunden werden wir beim Wagenfest sein. Ihr müsst alle, die zur *Sankîrthan*-Gruppe gehören, vorlassen. Kümmert euch um unser Gepäck im Zug, bis wir vom Wagenfest zurückkommen“, sagte Ramdas und stieg mit den *Sankîrthan*-Mitgliedern aus dem Zug. Nandakumar und seine Frau blieben im Zug, um auf das Gepäck der anderen aufzupassen. Ramdas und seine Gruppe gingen in die Stadt. Sie genossen den prächtigen Anblick des Wagenfestes. Danach gingen sie in den Tempel und bekamen einen *Darśan* von Lord *Pandârinath*. Der Tempel war von Pilgern überfüllt. Alle formierten sich zu einer Reihe, die eine nicht enden wollende Schlange bildete. Da die Schlange überaus lang war, durfte niemand stehen bleiben und sich Zeit nehmen, um den Herrn in aller Ruhe anzuschauen. Jeder wurde aufgefordert, ihn nur mit *Namaskâr* zu begrüßen und rasch weiterzugehen. Alle *Sankîrthan*-Mitglieder reihten sich in die Schlange ein.

Ramdas sah den Herrn schon von weitem. Er fühlte sich von allen Sünden gereinigt. Er empfand es wirklich als Privileg, ihn sehen zu dürfen. „Wie viele Leute können die Heiligkeit und die Ruhe des Herrn im Allerheiligsten empfinden. In Wirklichkeit kennen sie nicht Gottes Größe. Dafür braucht man viel Übung in der Meditation und gutes *Karma* aus dem vergangenen Leben", sprach Ramdas zu sich selbst, während er den Herrn

*Pandurangavithal* anschaute. Als er in die Augen des Herrn blickte, spürte er, wie er von Erregung gepackt wurde. Aus den Augen des Herrn kamen Lichtfunken, die sich vor dem Gesicht des Herrn in verschiedenen Mustern zu drehen begannen. Ramdas spürte so etwas wie einen elektrischen Schock. Er sah, wie die Funken eine Wolke aus blendendem Licht bildeten. Vor seinen Augen zogen Bilder und Szenen vorbei, und er schloss seine Augen. Eine wunderschöne Episode aus Brindavan blitzte in seinem Denken auf.

Ein Junge von sechs Jahren spielte Flöte, und die Musik kam wie schillernde Seifenblasen aus den Löchern der Flöte. Jede Seifenblase blähte sich auf und drehte sich in der Form von Myriaden von Galaxien, die sich zu Sonnensystemen ausdehnten. Die Erde eines Sonnensystems drehte sich, und Ramdas konnte die Landkarte von Indien erkennen, auf der er Pandaripur entdeckte. Dort sah er den golden glänzenden Tempel von Vithobha. Der Herr im Tempel lächelte. Er trat aus dem Tempel und ging die Straßen entlang. Ramdas ging zu ihm und wollte seine Füße berühren.

„Ich bin in Eile", sagte der Herr, „ich will mich nach dem Befinden meiner Verehrer erkundigen.

Wenn du wirklich interessiert bist, kannst du mit mir kommen und zusammen mit mir meinen Anhängern dienen."

Ramdas folgte ihm und war in seinem Inneren unzufrieden. Oft versuchte er, sich niederzubeugen und die Füße des Herrn zu berühren, aber da sich der Herr während des Gehens geschwind drehte, konnte Ramdas immer nur den Sand und die Kieselsteine auf dem Weg berühren. Er fragte: „Mein Herr, warum läufst du vor deinen Verehrern weg, wenn wir dich suchen und auf dich warten?"

Der Herr lächelte und ging geschwind. Ramdas folgte ihm bis zum Bahnhof, wo der Sonderzug für die Pilger am Bahnsteig wartete. Der Herr betrat ein Abteil, und Ramdas folgte ihm. In einiger Entfernung sah er Nandakumar und seine Frau. Beide saßen in einer Ecke und bewachten sorgfältig das Gepäck der *Sankîrthan*-Gruppe. Vor ihnen blieb der Herr stehen. Voller Verehrung stand das Paar auf, und der Herr bot ihnen seine Lotusfüße an. Das Paar verbeugte sich und berührte die Füße mit Freudentränen in den Augen. Auch Ramdas wollte sich verbeugen, doch der Herr stieß ihn wie ein ungezogenes Kind, zur Seite. Mit seiner rechten Hand berührte der Herr den Kopf von Nandakumar und seiner Frau, segnete beide und überreichte ihnen zwei Girlanden. Gleich darauf nahm er sie bei der Hand, führte sie aus dem Zug und verschwand. Völlig entgeistert blieb Ramdas im Abteil zurück. Sein Kopf drehte sich, und er war ganz durcheinander.

* * *

Die *Sankîrthan*-Gruppe fand Ramdas im Allerheiligsten. Er war bewusstlos, schweißüberströmt und rang nach Luft. Die Leute trugen ihn hinaus und wuschen sein Geicht mit kaltem Wasser ab. Ramdas kam wieder zu Bewusstsein und sah, dass er vor dem Tempel lag. „Jetzt verstehe ich. Mir ist klar geworden, was eine Pilgerfahrt ist. Ich weiß jetzt, wer ein wirklicher Pilger ist." Bei diesen Worten weinte er vor Freude und lief zum Bahnhof. Er lief zum Zug, betrat das Abteil und sah Nandakumar und seine Frau, die sorgsam das Gepäck bewachten. Unvermittelt fiel er zu Füßen von Nandakumar nieder und sagte: „Ich habe die große Vision des Herrn gehabt. Das Licht hat mir wirklich die Augen geöffnet."

## Die Kunst des Sterbens

Der Professor der Metapsychologie lag auf seiner gepolsterten Couch, und vor seinen Lippen war ein besonders empfindliches Mikrofon installiert. Ein modernes Fernsehgerät war auf eine große Leinwand projiziert, so dass jeder Satz, den der Professor sprach, sofort in Farbe auf die entsprechenden Bildabläufe übertragen wurde. Es war der 22. März 2078, 22.30 Uhr. Zu Hunderten waren die Eingeladenen gekommen. Unter ihnen befanden sich Männer, Frauen und Kinder. Ein Sprühnebel aus Parfum durchströmte den ganzen Raum mit zartem, unaufdringlichem Duft, der allen als Abendessen diente. Der Professor der Metapsychologie hieß Jesus Gautama. Er strahlte ein jugendliches Lächeln aus, das aufgrund seiner Altersschwäche auf der physischen Ebene nur als schwaches Lächeln durch seine Lippen zum Ausdruck kam.

Jesus Gautama begann mit seiner Erklärung: „So leid es mir tut, ich empfinde eine Notwendigkeit, eure Aufmerksamkeit auf die dunklen Zeiten des 20. Jahrhunderts zu lenken. Jetzt, wo ich meine alte physische Hülle in ein paar Minuten verlassen werde, möchte ich euch darlegen, wie den Menschen vor dem sogenannten Phänomen des Todes graute. Unter meiner Anleitung und Führung habt ihr auf wissenschaftliche Art erkannt, was unter Tod zu verstehen ist, und ihr wurdet über das Ablegen und Empfangen des physischen Körpers aufgeklärt. Aber in jenen Tagen hatten die Menschen vor dem Tod so große Angst, dass sie jede Minute und jede Sekunde den Tod unbewusst vorausahnten. Ihr gesamtes Verständnis und alles, was sie taten, hatte den Anflug des Todes und war von ihm geprägt. Sie hatten das Gefühl, dass sie ihre weltlichen Vorhaben vor ihrem Tod zu Ende führen müssen, denn sie glaubten ernsthaft, dass sie sterben würden. Dies führte sie in die größtmögliche Verwirrung und bewirkte eine vorsätzliche Zerrüttung ihrer guten Gesundheit."

Eine große dunkle Wolke mit der Aufschrift 'Kummer, Angst, Tod' wurde auf den Bildschirm projiziert. Dann erschien ein 85-jähriger Mann des 20. Jahrhunderts auf dem Bildschirm. Es wurde erzählt, dass er in einem großen Industrieunternehmen gearbeitet hatte. Tag und Nacht schuftete er, um den Wettlauf des Reichtums gegen den Tod zu gewinnen. Sein Schatten jagte ihn in der Gestalt eines Wolfes, vor dem er zu entkommen versuchte. Der Wolf warf ihm finstere Blicke zu: „Ich bin deine innere Angst, ich bin deine Verworrenheit, ich bin deine Furcht, ich bin deine fixe Idee, ich bin dein Tod. Mit Sicherheit werde ich dich überholen und vor dir herlaufen, wenn die Sonne den höchsten Punkt überquert."

„Hier ist noch ein anderer Wolf", sagte der Professor. „Es ist der Wolf der Sexualität, der vom Menschen des 20. Jahrhunderts eingeladen wurde. Durch das Spiel mit diesem Wolf wollte er seinen Tod vergessen. Der Wolf hatte ein Kind, das ihm besonders lieb war. Es hatte die Gestalt von hochprozentigem Alkohol. Der Mensch des 20. Jahrhunderts begann mit der Mutterwölfin und ihrem Kind zu spielen, und die beiden haben sein Leben und seine Moral untergraben. Dort steht ein erschöpftes Skelett von 85 Jahren. Obwohl es voller Angst ist, bezeichnet es sich immer noch als Mensch. Sein Mut und seine Gesinnung sind vollkommen untergraben, und er hat nur noch die Gesellschaft der Schärfe seiner Intelligenz. Er versuchte seinen Bart abzurasieren, der aus den vielen verschiedenen Haaren der Furcht vor der öffentlichen Meinung bestand und üppig in schwarz und weiß wuchs. Durch diese Rasur wollte er jünger erscheinen, was er natürlich nicht glauben wollte."

Aus der Herzgegend des alten Mannes kam ein Warnruf, und er griff zum Telefon: „Herr Doktor, ich habe Schmerzen in meiner Brust. Ich glaube nicht, dass es ein vierter Herzanfall ist, und ich möchte es auch nicht glauben. Trotzdem muss ich Sie bitten zu kommen und mich zu untersuchen, aber nur um mir zu versichern, dass es kein Herzanfall ist. Selbst wenn es sich um einen Herzanfall handeln sollte, behandeln Sie ihn erfolgreich, ohne mir etwas davon zu erzählen."

Daraufhin kam der Arzt mit seinem Stethoskop um den Hals. Er rief einen Krankenwagen, der den Mann in ein großes Krankenhaus zu einer wartenden Schar von Krankenschwestern und Ärzten brachte. Der alte Mann verlor sein Bewusstsein. Nachdem er das Bewusstsein wiedererlangt hatte, erkannte er alle. Es war nur eine kurze Unterbrechung des Unglücks, des vierten Herzanfalls.

Der Arzt war in Verlegenheit und wusste nicht, wie er dem Patienten den rasch herannahenden Tod erklären sollte. Er ließ dessen Frau, die Kinder und Freunde kommen und sprach mit ihnen über den nahe bevorstehenden Tod. Ihre Gesichter wurden traurig. Mit solch traurigen Gesichtern brachten sie den Vater wieder nach Hause und bauten eine große Festung aus Medikamenten um sein Bett. Der älteste Sohn überlegte und sprach zu sich selbst: „Dies ist wirklich eine unglückliche Situation. Ich kann dem Tod meines Vaters nicht entgegensehen, bevor er nicht alles über die Aufteilung seines Reichtums aufschreibt und bevor wir es nicht ordnungsgemäß beim Gericht eingetragen haben."

Professor Jesus Gautama lächelte: „Die vom Schicksal verdammten Geschöpfe des 20. Jahrhunderts sahen einer Hölle entgegen, da sie unfreiwillig auf ihre selbst ausgehobenen Gräber zugehen mussten. Das alles lag an dem schlechten Abkommen zwischen dem Denken und dem alt gewordenen Körper, der auf den Schrotthaufen geworfen werden musste. Seht, wie die arme Kreatur aus ihrem Kadaver herausgeholt wurde. Sie wurde aus ihrem Herzen und den Eingeweiden heruntergezogen. Die Kräfte der Natur, die in jenen Tagen als dunkle Mächte missverstanden wurden, arbeiteten als *Yamas* Beamte. Sie mussten den Kameraden gegen seine schwachen Wünsche aus seinem morschen Körper herausziehen. Der

Mensch hatte kein wissenschaftliches Format. So konnte er nicht erkennen, dass dies nur dazu diente, ihn mit einem besseren Träger auszustatten. Er besaß nicht einmal die Güte zu verstehen, was gut ist."

Mitten zwischen seinen trauernden Angehörigen fiel der alte Mann der Länge nach auf sein Bett. Ein starker Strudel aus sich steigerndem Weinen und Schluchzen zog ihn aus seinem Körper. Das Drama war vorbei, und der Regisseur im Hintergrund seufzte erleichtert. Die Verwandten um den Körper legten fest, den alten Körper im Feuer zu verbrennen. Sie statteten sich mit Tüchern aus, die sie wie Schleier um ihren Kopf hängten. Es waren formale Zeichen der Trauer.

Professor Jesus Gautama fuhr fort: „Das war die Zwangslage jener, die zurückblieben. In jenen Tagen war es üblich, dass der Tod für sie kostspieliger war als das Ereignis, das sie zur Erde brachte. Es war eher ein grausamer Tod derer, die zurückblieben.

Ich habe euch eingeladen, dabei zu sein, wenn ich meinen letzten Atemzug tue. Bei dieser Gelegenheit wollte ich euch diese unbeholfene, wunderliche Ignoranz, die das 20. Jahrhundert im

Hinblick auf den Tod hatte, mitteilen. Da ihr von mir im Laufe von vier Jahrzehnten in der Kunst des Sterbens ausgebildet wurdet, seid ihr jetzt in aller Ehrfurcht dazu eingeladen, am praktischen Teil eurer Ausbildung teilzunehmen. Ich danke euch allen für euer Interesse, die Kunst des Sterbens und die Wissenschaft des Todes in diesen vier Jahrzehnten zu erlernen. Eure Ausbildung ist nun beendet. Jetzt müsst ihr die zukünftige Generation aufklären und ausbilden. Ich wünsche mir, dass ihr noch mehr lernt, ehe wir uns gut gelaunt und in jugendlichem Geist wiedertreffen. Adieu."

Der Professor lächelte seinen letzten Atemzug hinaus, und sein Körper lag da mit dem Eindruck seines letzten Lächelns auf den Lippen.

## Das Spiel des Herrn

„Dies ist das *Kali*-Zeitalter. Es gibt viele Leute, die die unschuldige Öffentlichkeit im Namen Gottes täuschen", sagte Kalidhwamsa *Swâmi* mit einem Lächeln, das anmutig seinen einzigen goldenen Zahn erkennen ließ. Er versuchte, im Denken von Chalapathi Vertrauen zu seinem Weg zu erwecken. Chalapathi war ein einfacher Familienvater. Er glaubte nicht an Wunder und hatte keinerlei Zweifel an der Existenz Gottes. Mit gefalteten Händen stand Chalapathi ehrfürchtig vor *Swâmi* Kalidhwamsa, und der *Swâmi* fuhr fort: „Schwere Täuschung in großem Umfang findet im Namen Gottes und der Rituale statt. Du solltest aufpassen."

Chalapathi verbeugte sich und sagte: „Alles ist sein Spiel. Der Herr zeigt seine Gegenwart auf vielerlei Art, und die Menschen erkennen sie als gut und schlecht. Auch deine Gegenwart heute gehört zum Spiel des Herrn."

Kalidhwamsa wurde wütend und antwortete in scharfem Tonfall: „Von wem hast du das gelernt? Willst du damit sagen, dass alles auf dieser Erde, sei es gut oder schlecht, zu Gott gehört? Gott hat dir Intelligenz gegeben, damit du unterscheiden kannst, was gut und was schlecht ist. Du musst Gottes Schöpfung verstehen und sie von *Mâyâ*, der großen Illusion, fernhalten. Nur damit du das weißt, leben fromme Menschen in dieser Welt und kommen zu dir. Ihr, die Familienvorstände, seid immer den großen Gefahren der *Mâyâ* ausgesetzt, und es ist meine Pflicht, dafür zu sorgen, dass die Augen der Familienväter geöffnet werden. Jetzt werde ich dir beweisen, dass das stimmt."

Bei diesen Worten streckte Kalidhwamsa seine Hand in den Raum, holte eine Handvoll Kandiszucker hervor und überreichte ihn Chalapathi. Dieser beobachtete ihn wohlwollend und sagte: „Gott gibt uns, was uns gebührt. Bevor ich dies von dir annehme, muss ich dir den Preis dafür bezahlen."

Kalidhwamsa starrte Chalapathi einen Augenblick lang an und antwortete: „Du bist ein Sünder. Du weist mein *Prasâd* zurück. Weißt du, was das zur Folge haben wird? Du wirst der großen Illusion verfallen und dich von nun an vielen Schwierigkeiten gegenübersehen."

„Alles ist das Spiel des Herrn", sagte Chalapathi, nahm den Kandiszucker, brach ihn in Stücke und verteilte ihn an die Kinder, die auf der Veranda spielten. Kalidhwamsa brauste wütend auf: „Du beleidigst mich, wenn du mein *Prasâd* an andere verteilst, denn ich habe dich damit beehrt."

Chalapathi antwortete: „Von uns, den Familienvätern, wird erwartet, dass wir nicht eher essen, bis wir an andere verteilt haben. So lehren uns die *Śâstras.*"

„Das trifft auf eure Mahlzeiten zu, aber nicht auf das *Prasâd* des Herrn", sagte Kalidhwamsa. „In diesem *Kali*-Zeitalter ist gute Arbeit nur unter großen Schwierigkeiten auszuführen. Bei allem ist Geld der Leitgedanke. Ohne Geld können wir keine gute Arbeit leisten. Unglücklicherweise besitzen heutzutage die sündigen Menschen Geld im Überfluss. Für mich ist es unumgänglich geworden, für Gottes Werk Reichtum zu sammeln. Ohne Wunder geben diese reichen Leute kein Geld. Ich möchte dich zum Mittelpunkt meiner Arbeit machen. Ramanayya, ein reicher Mann aus diesem Ort, ist der Vornehmste im Kreis der Industriellen. Seine Tochter ist 26 Jahre alt, und bisher konnte er sie noch nicht verheiraten. Ich habe einen gescheiten jungen Geschäftsmann aus Gudur beeinflussen und ihm das Versprechen abnehmen können, Ramanayyas Tochter zu heiraten. Gestern war ich bei Ramanayya und forderte ihn auf, Ramesh aus Gudur seine Tochter anzubieten. Sie hatten keine Vorstellung von dem Bräutigam, aber Ramanayya musste akzeptieren. Ich setzte das Heiratsdatum und *Muhûrtham* fest. Dafür musste Ramanayya seine Zustimmung geben. Als Zeichen der Gnade Gottes führte ich in Ramanayyas Haus ein *Śiva Pûjâ* mit Holzkohle durch, deren einzelne Stücke sich in wunderschöne Blumen verwandelten. Ramanayya sah das Wunder mit seinen eigenen Augen und akzeptierte es als Zeichen für *Śivas* Gnade. Ich möchte ihn zum Präsidenten und dich zum Sekretär meiner Organisation machen. Ich warte nicht auf deine Zustimmung, denn ich weiß, du bist mein Anhänger."

Nachdem Kalidhwamsa seinen langen Vortrag beendet hatte, verbeugte sich Chalapathi mit gefalteten Händen und sagte: „Alles ist das Spiel des Herrn."

*Swâmi* Khalidwamsa saß in Ramanayyas Schlafzimmer. Ramanayya und seine Frau saßen auf dem blanken Fußboden neben den Lotusfüßen des *Swâmi*. Räucherstäbchen brannten in der Stille, und nach einigen Momenten lächelte der *Swâmi* und wollte zu sprechen anfangen. Da klopfte es an der Tür. Es war 23 Uhr, und die Straße war still. Mit freundlicher Erlaubnis des *Swâmi* öffnete Ramanayya die Tür. Fünf kräftige Männer stiegen aus einem neuen Auto, betraten das Haus und fragten, ob dies Ramanayyas Wohnung sei. Ramanayya war vollkommen überrascht, als einer der Männer durch die Zimmer ging, als ob er jemanden suchte. Als er den *Swâmi* im Schlafzimmer sah, sagte er: „Oh, hier bist du?"

*Swâmi* Kalidhwamsa wurde blass und stand wortlos auf. „Seit wann kennen Sie den *Swâmi*?", fragte einer der Männer Ramanayya.

„Warum? Vor 15 Tagen kam der *Swâmi* in mein Haus und bot uns seine Gegenwart an", antwortete Ramanayya.

Da sagte der Mann: „Ich bin Prabhakar, Hauptkommissar der Kriminalpolizei. Dies ist Herr Ramanadham, Zollbeamter aus Bombay. Die anderen Drei gehören zur Polizeiwache dieser Stadt. Darf ich erfahren, wo der *Swâmi* sein Gepäck abgestellt hat?"

Dann ging Prabhakar zu Kalidhwamsa, fasste ihn an den Händen und hob seine Arme in die Höhe. Dabei fielen kleine Päckchen Kandiszucker aus seinen Achselhöhlen. Ramanadham brachte eine Reisetasche herbei und öffnete sie. Er holte zwei Bündel amerikanische Dollarnoten und viele Päckchen mit indischer Währung in 100-Rupienscheinen heraus. „Herr Ramanayya, wissen Sie, was passiert, wenn man diese Dinge in Ihrem Haus findet? Der *Swâmiji* ist so wohltätig, dass er die 100-Rupienscheine für 60 Rupien verkauft. Ihre Blicke zeigen mir, dass Sie noch nicht in den Orden eingeweiht sind. Ich möchte glauben, dass Sie noch nicht zum inneren Kreis des heiligen Ordens dieses *Swâmis* gehören. Zu Ihrem Glück haben wir auch von den Heiratsplänen Ihrer Tochter gehört. Der Typ in Gudur, den Sie zu Ihrem Schwiegersohn machen wollten, hat schon eine Frau und ein paar Kinder. Glauben Sie nicht, dass es klug ist, uns den *Swâmiji* mit dem ganzen Gepäck des heiligen Ordens zu übergeben? Verstehen Sie, dass wir auf Sie wegen Ihrer Unschuld Rücksicht nehmen? In diesem *Kali*-Zeitalter lebt Gott in Leuten wie Kalidhwamsa und in mir."

Die Männer brachten Kalidhwamsa mit seinem Gepäck zu Chalapathis Haus. Sie klopften an die Tür, und Chalapathi öffnete. Er lud alle ins Haus ein. Prabhakar stellte sich und die anderen

Männer vor und erzählte Chalapathi die ganze Geschichte. Zum Schluss fragte er: „Fürchten Sie sich nicht vor der ganzen Situation?“ „Warum, Sir?“, fragte Chalapathi. „Alles ist das Spiel des Herrn.“

„Wenn ich mich nicht irre, sah ich dich, wie du *Buddhas* Lieder gesungen hast. Dabei bist du durch die Straßen gewandert und hast mit einer Schale um Körner zum Essen gebettelt“, bemerkte Bahadur.

„Ja, und noch mehr. Ich bettele um alles. Wo immer ich bettele, da bettele ich für Lord *Buddhas* Weg“, antwortete Padmaka.

„Dann musst du ein Narr sein, weil du das Getreide, das deine Nahrung ist, an diese wilden Vögel verfütterst, die dich umschwärmen. Wie die vielen Menschen fressen die Vögel deine Körner, und dann fliegen sie weg“, wusste Bahadur zu bemerken.

„Nein, sie fliegen nicht weg. Die Erde ist rund, und sie müssen zu mir zurückkommen. Das ist die Wahrheit, die der *Tathâgata* uns offenbart hat“, sagte Padmaka.

Bahadur diskutierte weiter: „Auch ich füttere die Vögel. Ich weiß, was Menschenfreundlichkeit ist. Aber nie füttere ich Vögel, die nur fressen und dann wegfliegen. Viele Vögel fressen von meinem Getreide, und sie bleiben mir treu. Ich besitze viele Wirtschaftshöfe. Dort stehen Türme mit Taubenschlägen, in denen meine Vögel leben. Seit Generationen werden sie in meinen Taubenschlägen geboren. Ich füttere sie schon, wenn sie noch ganz jung sind, und sobald ihnen Flügel wachsen, stutze ich ihre Federn. So sorge ich dafür, dass kein Vogel zu hoch aufsteigt und mir entkommt. Jeden Abend werfe ich sie in die Luft. Sie fliegen und drehen ihre Runden in kleinen Kreisen. Dann kehren sie in die Taubenschläge zurück und finden dort ihre Körner zum Fressen. Du fütterst heimatlose Vögel und glaubst, dass sie wiederkommen. Was nützt es, jene zu füttern, die fressen und wegfliegen?"

„Wegfliegen ist im Reich des Herrn der Liebe nicht möglich. Sie fliegen am Himmelsgewölbe und kehren eines Tages nach Hause zurück. Sie können nicht entkommen, da sie mit der Erde verheiratet sind", antwortete Padmaka.

Wieder fragte Bahadur: „Wie kannst du hoffen, dass sie zu dir zurückkehren, wenn du keine Kontrolle über sie hast?"

Padmaka antwortete: „Was zählt, ist nicht, dass sie zu mir zurückkehren. Kannst du erklären, wie sie zu mir kommen, obwohl ich keine Kontrolle über sie habe? Sie kommen vom *Buddha*, und sie kehren zu ihm zurück."

Bahadur lächelte und sagte: „Wenn dein Herr da ist, warum gibst du dir dann solche Mühe, die Körner zu erbetteln und diese wilden Gesellen zu füttern, die deinem Herrn gehören?"

„Es ist das Gleiche, was du mit deiner Frau und deinen Kindern tust. Hast du das Gefühl, dass du deine Frau und deine Kinder erschaffen hast? Welches Recht hast du, ihre Federn zu stutzen und sie unter Kontrolle zu halten? Deine Vögel haben immer nur eine begrenzte Anzahl, während man meine nicht zählen kann. Hast du noch nicht bemerkt, dass deine Vögel krank werden und schließlich eingehen? Jeden Tag werden es weniger", sagte Padmaka voller Mitleid und mit einem Lächeln.

„Das ist eine Sache, die ich nicht verstehen kann. Ich füttere die Vögel jeden Tag, und ich möchte, dass ihre Zahl größer wird. Stattdessen werden es weniger, und sie werden krank. Ich kann den Grund dafür nicht finden", gab Bahadur zu.

Padmaka erklärte: „Der Grund ist, dass du sie besitzt. Ich besitze die Vögel nicht, und deshalb sind dies alle meine Vögel. Sie leben in voller Lebenskraft, Jugendlichkeit und Gesundheit."

Mit diesen Worten verabschiedete sich Padmaka und kehrte zu seiner Einsiedelei zurück, die auf einer kleinen Anhöhe in der Nähe von Bahadurs Dorf lag. Am westlichen Himmel ging sanft die Sonne unter, und es war Nacht. Melodiöse Flötenmusik glitt weich aus Padmakas kleiner Flöte herab. Als er sich vor der Einsiedelei hinsetzte und auf seiner Flöte spielte, strömte Mitgefühl in Form der Flötenmusik die Anhöhe hinab. Die Dunkelheit vermochte sie nicht aufzuhalten. Die Botschaft der Musik erfüllte den Nachthimmel und begann, die Herzen der Dorfbewohner zu wiegen. Sie spürten die Fußstapfen von Lord *Buddha,* der über ihre zarten Herzen in Gestalt der sanften Musik schritt. Als die Bewohner in Trance fielen, lernten sie nach und nach, die Gewalt über die Herzen der Mitmenschen und Mitwesen loszulassen. Nachdem jeder in Trance gefallen war, gab es keine Gedanken an Ehefrauen oder Kinder mehr. Alles war die Botschaft der Musik durch den Klang.

Da Bahadur an der Vorstellung, die Kontrolle über andere loszulassen, keinen Geschmack finden konnte, versuchte er sich der Gegenwart der Musik zu widersetzen. Jeder Sonnenaufgang war für ihn unangenehm, weil er sah, dass sich mehr und mehr Vögel um Padmaka sammelten, wenn dieser ihnen die Körner, die er am Tag zuvor bekommen hatte, zuwarf. Waren es dieselben Vögel? Oder sammelten sich jeden Tag andere Vögel um Padmakas Füße, um sein Getreide aufzupicken und wieder wegzufliegen? War es möglich, das zu erfahren? Eins war sicher. Jeden Morgen konnte Bahadur sehen, wie seine Frau und die Kinder mehr von ihrer Lebensfrische verloren und wie ihre Gesundheit schwächer wurde. Was konnte der Grund dafür sein? Er ernährte sie und ließ ihnen die bestmögliche Umgebung und Versorgung zukommen. Jede Minute beobachtete er ihre Bewegungen und wachte über sie. Er wollte, dass alle ihm folgten. Nie konnte er eine Übertretung in ihrem Verhalten tolerieren.

Es war gegen Mitternacht, als Bahadur den kleinen Hügel hinaufeilte und an Padmakas Tür klopfte. Bahadurs Gesicht war von Schmerz gezeichnet, und er taumelte, als er fragte: „Mein ältester Sohn ist nirgendwo zu finden. Hast du ihn heute gesehen? Ist er zu dir gekommen?" Padmaka bemerkte: „Es scheint, als wolltest du ihn entsprechend deiner Wahl verheiraten."

„Woher weißt du das?", fragte Bahadur.

„Deine Frage verrät es", antwortete Padmaka.

Da erklärte Bahadur: „Einem meiner Cousins gab ich meine Zustimmung, dass mein Sohn seine Tochter heiraten soll. Mein Sohn weigerte sich, das zu akzeptieren. Zwischen mir und meiner Frau gab es eine große Diskussion, und jetzt ist mein Sohn verschwunden."

„Er wird nach Hause zurückkehren, nachdem er eine Frau gefunden hat, die er sich selbst ausgesucht hat. Er hat sich in seine eigene Braut verliebt. Wer weiß, vielleicht ist es sogar dasselbe Geschöpf, die Tochter deines Cousins. Lass ihn seinen Weg finden. *Tathâgata* ließ in deinem Sohn seine Gegenwart fühlbar werden, damit er entdeckt, was Liebe ist und sie in einem Tempel aus Fleisch sucht. Reinigung macht *Tathâgata* immer Kopfzerbrechen, und er hält sich jederzeit an der Tür jedes klopfenden Herzens bereit", lächelte Padmaka, als er durch die Dunkelheit in Bahadurs Augen blickte.

Bahadur kniete vor Padmakas Füßen nieder und sprach unter Tränen: „Jetzt erkenne ich das

Licht in deinem Füttern der herumfliegenden Vögel, und ich verstehe, warum sie zu dir zurückkehren. Zeige mir den Weg. Soll ich meine Frau und die Kinder verlassen, um mit dir in dieser Einsiedelei zu leben?"

Padmaka berührte Bahadurs Stirn und sagte: „Dein Denken sollte sie loslassen und zu mir kommen, während dein Körper mit ihnen lebt, um dem *Tathâgata* in ihnen zu dienen. Das Denkvermögen ist *Mara*. Er tötet dich. Überlasse *Mara* mir. Ich werde ihn im Namen des Herrn töten."

## Lass den Herrn leben

„Weißt du, dass es 1163 Arten verschiedener *Mantren* gibt, um über den Herrn *Śri Krishna* zu meditieren? Unser *Guru* hat uns von diesen vielen nur ein einziges *Krishna-Mantra* gegeben. Seitdem sind 30 Jahre vergangen, und ich habe damit begonnen, Literatur über Lord *Krishnas* Verehrung aus den verschiedenen Büchern des *Mantra Śâstra* zu sammeln. Jetzt, wo wir uns nach 13 Jahren wiedersehen, würde ich sehr gern deine Sammlung der *Krishna*-Literatur anschauen", sagte Ramanujam mit triumphierender Miene zu Sundaram.

„Es tut mir leid", antwortete Sundaram, „außer dem *Mantra,* das uns der *Guru* an jenem Tag gab, habe ich keine weiteren *Mantren* gesammelt."

Ramanujam lächelte und sagte: „Meditierst du immer noch jeden Tag dieses *Mantra*?"

„Ja, denn an jenem Tag wurde ich von unserem *Guru* vollkommen inspiriert. Ein blaues Licht erfüllte mein ganzes Denken und die Persönlichkeit. Nie verlässt es mich. Tag und Nacht schenkt es mir Glückseligkeit und Frieden, und ich lebe in ihm. Ich meditiere das *Mantra* jeden Tag, nachdem ich mich morgens gewaschen habe. Sobald ich anfange, das

*Mantra* zu singen, schließen sich meine Augen, und mein Denken verschmilzt mit dem kühlen, sanften Licht. Das ist Lord *Krishna*. Für eine Weile ist mir nicht bewusst, dass meine Lippen das *Mantra* singen, aber mein Denken singt es immer noch. Ich bin mir überhaupt nicht sicher, ob mein Denken die Silben des *Mantras* nacheinander spricht. Ich weiß nur, dass das ganze *Mantra* in mir als ich selbst lebt und mein Gesang sich in der Gegenwart des lieblichen Herrn verliert. Auch kann ich mich nicht erinnern, wie oft ich das *Mantra* singe. Mir ist auch nicht bewusst, wie viel Zeit dabei vergeht. Meine Augen öffnen sich, wenn der Herr es gestattet. Das ist alles, was ich weiß", sagte Sundaram.

„In letzter Zeit ist mein Leben zu sehr mit weltlichen Angelegenheiten beschäftigt. Oft versuche ich, mich hinzusetzen, meine Augen zu schließen und das *Mantra* zu wiederholen, das uns von unserem *Guru* gegeben wurde. An manchen Tagen kann ich es möglich machen, mich hinzusetzen und zu meditieren, aber nur unter großen Schwierigkeiten. Mein Denken ist häufig von den Problemen meiner Familie ganz in Anspruch genommen und daher nicht in der Lage, sich auf das *Mantra* zu konzentrieren. In diesem weltlichen Leben, das wir führen, begegnen wir auf dem Weg vielen Hindernissen. Deshalb habe ich mich in die *Mantra*-Literatur vertieft, um gute *Mantren* zu finden, die Hindernisse beseitigen. Wie können wir den Weg freimachen und meditieren, ohne sie zu kennen? Bei dieser Suche gelang es mir, verschiedene Arten von *Mantren* zu sammeln, die Lord *Krishna* anrufen", sagte Ramanujam und lächelte.

Sundaram fragte: „Wie war es dir möglich, über all diese *Mantren* zu meditieren? Du bist ein Glückspilz."

Da antwortete Ramanujam: „Es ist nicht so leicht, damit anzufangen, über ein *Mantra* zu meditieren. Es erfordert umfangreiche Rituale. Jedes dieser *Mantren* schreibt ein Ritual vor, das 40 Tage lang täglich durchgeführt werden muss. Ich versuche, so viele *Mantren* wie möglich von *Krishna* zu sammeln. Dann wähle ich eins von ihnen aus, um mit allen vorgeschriebenen Ritualen gründlich darüber zu meditieren. Ich sammle auch alle Kräuter und die heiligen Materialien, die dafür vorgesehen sind. Jetzt werde ich alt, und mein Körper ist nicht mehr so gesund wie einst. Da ich vor kurzem an Gelbsucht erkrankt war, ist mein Denken noch geschwächt, und ich kann mich nicht konzentrieren. Ich muss erst einmal eine Entscheidung treffen, welches von diesen *Mantren* das beste ist."

Die beiden saßen auf einem Hügel am Flussufer unter einem Baum und sprachen miteinander. So konnten sie einen alten Mann mit rasiertem Kopf und rotem Gewand beobachten, der sich ihnen lächelnd näherte. Der Fremde kam direkt zu ihrem Platz. Beide standen auf und begrüßten ihn, indem sie seine Füße berührten.

Der alte Mann fragte: „Erinnert ihr euch an mich? Wenn ich mich nicht irre, seid ihr Ramanujam und Sundaram. Erinnert ihr euch an den *Swâmi* mittleren Alters, der euch vor 30 Jahren das *Krishna-Mantra* gab?"

Ramanujam und Sundaram waren wie betäubt, als sie so plötzlich ihren *Guru* wiedersahen. Während sie sich setzten, sagte Ramanujam: „*Swâmi*, ich hoffe, du bist durch die Gnade des Herrn vor uns erschienen. Ich bin in großer Verlegenheit, weil ich nicht weiß, wie ich das richtige *Mantra* auswählen soll, über das ich meditieren kann. Suche du eins für mich aus, und befriedige meine Neugier mit Begründungen aus dem *Mantra Śâstra*."

Der *Swâmi* lächelte und sagte: „Der Weg ist gerade und eng. Ich habe bereits ein *Mantra* für dich ausgesucht und es dir vor 30 Jahren gegeben. Doch dein Denken sucht etwas anderes als den Herrn. Es versucht etwas über den Herrn zu erfahren, aber nicht den Herrn selbst kennen zu lernen. Alles andere als der Herr selbst ist ein Hindernis und ist weltlich. Neugier ist ein Höllenschlund. Dort regnet die Wolke der Intuition in den stinkenden Schlamm der Argumente und Schlussfolgerungen hinab. Meditiere über dieses *Mantra* statt etwas darüber zu lernen. Fange damit an, und dann wirst du meditieren. Das ist der Weg.

Sieh, wie Sundaram in diesen 30 Jahren im Herrn gelebt hat. Er hat das *Mantra* meditiert, und du hast über das Meditieren nachgedacht. Hör auf, durch die Wüste des Suchens zu reisen. Begib dich in den lieblichen See deiner Gegenwart und tauche in der Gegenwart des Herrn ein. Dann wirst du sehen, dass es nichts anderes als seine Gegenwart gibt."

Ramanujam berührte noch einmal die Füße des *Gurus* und sagte: „Tatsächlich habe ich durch mein Suchen in der Wüste 30 Jahre vergeudet."

Der *Swâmi* lächelte und antwortete: „Schon der Gedanke, dass du 30 Jahre vergeudet hast, ist ein weiterer Windstoß, der dir noch einmal den Wüstensand in deine Augen weht. Es ist sehr fromm, die eigene Vergangenheit zu bereuen, aber dadurch bereut man anschließend noch mehr Zeit. Lass deine Gedanken über dieses und jenes los und fange an, im Herrn zu leben."

Ramanujam faltete ehrfürchtig seine Hände und flehte: „Meister, gib mir Stärke und Mut, damit ich das befolgen kann, was du sagst."

Der *Swâmi* antwortete: „Du sprichst von Stärke und Mut, aber ich spreche vom Herrn. Er umfasst alles, und das schließt auch Stärke und Mut ein. Lass also die Gedanken los und lebe im Herrn."

Noch einmal flehte Ramanujam: „Meister, was du sagst, ist direkt und wirkungsvoll. Das kann ich sehen. Aber wie soll ich anfangen?"

Der *Swâmi* antwortete. „Fange nicht an. Denke an den Herrn. Sprich und singe den Namen des Herrn. Lebe im Herrn. Fange nicht an zu leben. Lass den Herrn in dir leben. Leere deine Gedanken und unterwirf dich ihm, so dass er in dir lebt."

## Die weiße Magie

In steifer Feierlichkeit hatte der Magier den herrlichen Saal betreten. Das ganze Gebäude bestand aus sieben Räumen, aber jeder, der den Saal betrat, hatte das Gefühl, dass es 14 Räume waren. Das lag an den wunderbar angeordneten Spiegeln. Der Magier wollte jemandem den Saal zeigen und dessen Wunder vorführen. Er wollte erklären, wie man den Saal betreten und ihn verlassen sollte. Zu seiner Überraschung war außer ihm selbst niemand da, dem er hätte etwas erklären können. Er wartete und wartete. Schließlich ging er allein in das Gebäude. Er tat es mit einer gewissen Neugier, um sich an seinem eigenen Werk zu erfreuen. Doch glücklicherweise fand er jemanden, als er eintrat, und er begann mit seinen Erklärungen.

„Hier ist der erste Raum. Sie finden darin die Entwürfe der Ziegelsteine, die Bindemittel sowie die Modelle der Türen, Fenster und Spiegel. Aus diesem Material wurde das ganze Gebäude errichtet. Ich habe zehn Monate damit verbracht, alles zu entwerfen und die richtige Anordnung für den Aufbau dieses magischen Raumes zu erstellen. Wie finden Sie diesen ersten Raum?"

Der Fremde versuchte seine Empfindungen zum Ausdruck zu bringen, aber der Magier beachtete ihn überhaupt nicht. Er fuhr mit seinen Erklärungen fort und führte den Fremden in den zweiten Raum.

„Dies alles ist ein Wunder des Zimmerhandwerks. Sie können sehen, wie hervorragend das Holz abgelagert und wie kunstvoll es abgeschliffen wurde. Wie finden Sie die verschiedenen Ausführungen dieser Arbeit?"

Der Fremde versuchte seine Empfindungen darzulegen, aber der Magier achtete nicht weiter auf ihn. Stattdessen fuhr er mit seinen Erklärungen fort, während er den Fremden in den dritten Raum führte.

„Dies ist das Wunderland meiner Technik. Hier finden Sie bestimmte Instrumente, mit denen Sie ein Gespräch führen können. Zuerst sprechen Sie, dann spricht die Maschine. Sie fragen etwas, und sie antwortet. Mit dieser Maschine können Sie über verschiedene Themen diskutieren. Das Format der Maschine ändert sich entsprechend Ihrem IQ. Da ist noch eine andere Maschine. Schauen Sie hier hindurch, und Sie können alles sehen, was Sie möchten. Die Schönheit des Gesehenen hängt von dem ab, was Sie für schön halten. Dann gibt es noch eine wunderbare Maschine. Sie können bezaubernde Musik hören, aber Sie müssen den Anfang machen, bevor Sie in den Genuss des Hörens kommen. Sie fangen an zu singen, anschließend beginnt die Maschine zu singen. Welches Lied Sie auch immer in Gedanken singen, Sie können es mit Ihren eigenen Ohren hören. Die Schönheit der Musik hängt von Ihrer Vorstellung der Musik ab. Wie finden Sie das?"

Bevor der Fremde seine Meinung äußern konnte, war der Magier schon in den nächsten Raum gegangen.

„Seien Sie vorsichtig. Hier ist ein Raum, der Sie Ihre Identität vergessen lässt. Wenn Sie eintreten, werden Sie existieren, aber Sie existieren nicht mehr für sich. Außer Ihnen selbst ist alles für Sie vorhanden. Sie können essen, trinken, tanzen, sprechen und sich des Lebens freuen, aber Sie können Ihre Existenz nicht wahrnehmen. Das geschieht solange, wie Sie sich in diesem Raum aufhalten. Sobald Sie den Raum verlassen, kommen Sie wieder zu sich und erinnern sich, wer Sie sind. Doch das Problem ist, dass Sie nicht wissen, wie Sie hinausgelangen können, weil Sie sich nicht an sich erinnern. Das einzige Problem, nachdem Sie den Raum einmal betreten haben, ist, wieder hinauszugelangen. Aber haben Sie keine Angst, ich kenne das Geheimnis, wie man ihn verlassen kann. Solange Sie wach sind, erinnern Sie sich nicht an sich selbst. Wenn Sie müde werden und einschlafen, sind Sie dem Zauber entronnen. Ich habe alles so angeordnet, dass ein höherer Geist Sie von außen ruft und weckt, nachdem Sie eingeschlafen sind. Ich warne Sie im voraus. Dieser Raum enthält drei weitere wunderbare Räume. Je tiefer Sie jeden von ihnen erforschen, desto schwieriger wird es für Sie hinauszugelangen, bis Sie endlich müde werden und einschlafen."

Bei diesen Worten betrat der Magier zusammen mit seinem fremden Freund den Wunderraum der Lethe. Auch der Magier vergaß beim Eintreten seine Existenz. Er war sich in keiner Weise bewusst, dass er existierte, und er fuhr mit den Erklärungen für seinen fremden Freund fort. „Erinnern Sie sich noch, dass Sie existieren? Vergessen Sie es nicht, wenn Sie anfangen, die Dinge in diesem Raum zu beobachten."

Der Fremde wollte etwas sagen, doch der Magier beachtete ihn nicht. Er war mit der wundervollen Anordnung seines Zimmers beschäftigt, durch dessen Fenster er die großen Rasenflächen, den weiten Himmel darüber und alles unter dem Himmel sehen konnte. Ebenso genoss er die Aussicht auf die stattliche Reihe der Berge mit ihrem dichten und bunten Blattwerk.

Der Luftzug durch das Fenster brachte verführerischen Duft von Berg und Tal. Sanfte Musik war zu hören, und verschiedene kleine Wesen tanzten auf den Wipfeln der Bäume und auf der Oberfläche der Wellen im Meer. Man konnte tanzende Gruppen von Nymphen, Gnomen, Luftgeistern und Salamandern sehen. Der Mond tanzte zusammen mit Ebbe und Flut der smaragdfarbenen Tropfen des Meeres. Pflanzen, Kletterpflanzen und Kräuter streckten im Mondlicht ihre Köpfe in die sanfte Brise. Über die Wiese führte ein schöner Fußweg. Lord *Krishna* kam mit seiner Flötenmusik auf die Erde herab. Hunderte von Kuhhirtenmädchen sammelten sich um ihn und bildeten dabei Muster und Bilder von verschiedenen Blumen im Wald. Die Erde drehte sich nach der Flötenmusik. Die Planeten, Galaxien und Myriaden von Sternen blinkten und verschmolzen mit dem Sternenstaub und der Dunkelheit.

Der Magier rief: „Hüten Sie sich vor sich selbst. Denken Sie daran, dass Sie existieren. Vergessen Sie sich nicht.“ Bei diesen Worten lief der Magier im Zimmer auf und ab und betrat dann den zweiten und dritten Raum, aus denen er nicht mehr herausfand. Er konnte sich um den fremden Freund kümmern, sich jedoch nicht mehr an seine eigene Existenz erinnern. Durch das Siegel seiner Magie war er vollständig getäuscht. Außer ihm selbst gab es in dem Zimmer überhaupt keinen Fremden. Alles war ein Phantom seines eigenen Spiegelbildes im Spiegel, das er für einen Fremden hielt. Jetzt war er allein im Zimmer und rief seinem Spiegelbild zu: „Vergessen Sie nicht, dass Sie existieren!“ So verlor sich der Magier in dem kunstvoll erschaffenen Labyrinth seines zentralen Raumes. So hatte er es gewollt, und nun verfiel er dem Zauber seines eigenen Willens. Immer wieder ging er in dem Zimmer herum und rief seinem Bild zu: „Mein Freund, vergessen Sie nicht Ihre Existenz!“ Ewigkeiten vergingen, und er ging immer noch herum, bis er müde und erschöpft einschlief.

Unmittelbar darauf erstrahlte ein Stern draußen vor dem Eingang des Saales. Ein Engel aus Licht kam auf seinen Flügeln zur Erde herunter und landete auf dem Boden vor dem Saal. Mit erhobenen Armen rief er: „Oh, Herr der großartigen Magie, Architekt dieses Saales, großer Geometer des Allerhöchsten! Erwache! Erwache! Du hast dich mit deiner Magie genug zum Narren gehalten. Schade ist nur, dass du Freude daran hast. Wach auf, mein Herr! Ganz zu schweigen von deiner wunderbaren Kunstfertigkeit, mit der du mich geschaffen hast, mich, deinen Diener außerhalb des Saales, der dich noch einmal weckt und dir den Weg hinaus zeigt. Deine Kunstfertigkeit ist grenzenlos."

Bei diesen Worten erwachte der Magier und kam aus dem Saal geradewegs zu dem Boten. Er lächelte und sagte: „Sieh, wie ich Vorkehrungen getroffen habe, um mich an mich selbst zu erinnern."

„Seit langem versuche ich, Sie zu treffen und von Ihnen ein *Darśan* zu bekommen."

„Was ist los?"

„Nichts. Ich möchte Ihnen nur meine Aufwartung machen."

„Nichts ist auch eine Wesenheit. Immer kommt etwas aus 'nichts' hervor. Jetzt erzählen Sie. Was ist mit Ihnen?"

„Ich habe viel von Ihnen und von Ihren Fähigkeiten, Weissagungen zu machen, gehört, Sir."

„Sie wollen also eine Weissagung. Wissen Sie übrigens, dass ich nichts von Voraussagen halte? Trotzdem, wenn Sie eine Voraussage von mir möchten, werde ich sie machen."

„Bitte, tun Sie das, Sir. Ich versuche, eine Filmproduktion zu starten und erstklassige Filme zu machen.

Von meinem Vater habe ich meinen Vermögensanteil von 80 000 Rupien genommen und mochte jetzt nach Hyderabad gehen. Mit diesem Geld und der Hilfe meiner Freunde möchte ich meine Produktion beginnen, für die ich Ihre Voraussage erbitte."

„Eine wirkliche Produktion benötigt keine Voraussage. Ich hoffe, dass die Astrologie nicht der Grund Ihres Vorhabens ist. Trotzdem mache ich eine Voraussage, weil Sie mich darum gebeten haben. Aber ich mache sie mit gesundem Menschenverstand und nenne sie Astrologie, damit Sie zufrieden sind.

Ein Laie, der die Utensilien eines Chirurgen besitzt, kann keinen chirurgischen Eingriff durchführen. Das weiß der gesunde Menschenverstand. Daher sage ich Ihnen voraus, dass Sie keine Filmproduktion beginnen werden. Sie werden recht erfolgreich sein, aber nur beim Ausgeben der 80 000 Rupien und dann nach Hause zurückkehren. Das sage ich Ihnen voraus, weil Sie im Filmgeschäft ein Laie sind. Ich kümmere mich nicht um Ihre Gefühle, da ich mich mehr um Ihren zufriedenen und besonnenen Rückzug sorge", sagte Mohan und schaute mit ernster Miene in den Raum.

„Viele berühmte Astrologen haben bereits vorausgesagt, dass ich ein erfolgreicher Produzent sein werde", sagte Chandrarao und schaute geistesabwesend durch seine goldumrandete Sonnenbrille.

„Ein erfolgreicher Produzent von was? Vielleicht produzieren Sie Ihre eigene Geschichte mit einer bestimmten Anzahl von Kindern. Danach kann Ihre Geschichte möglicherweise einem anderen Produzenten als Vorlage für einen Film dienen. Wenn Sie meinen Rat möchten: Fangen Sie nicht mit einer Filmproduktion an. Es ist besser, wenn Sie die 80 000 Rupien für gutes Essen und Trinken ausgeben", antwortete Mohan heiter.

* * *

„Mein Herr, ich habe in Hyderabad alle Vorkehrungen getroffen, um meine eigene Filmproduktion zu beginnen."

„Sie haben also die Kokosnuss zerbrochen. Haben Sie einen guten Astrologen nach einem günstigen Zeitpunkt gefragt, um sie aufzubrechen? Ansonsten wird sich die Kokosnuss als harte Nuss erweisen. Jetzt erzählen Sie mir, wie weit Sie gekommen sind."

„Für mein Büro habe ich ein geräumiges Gebäude gemietet. Das Büro habe ich unter dem Namen 'Aswini Produktion' registrieren lassen. Inzwischen sind viele Leute an mich herangetreten, die auf Job-Suche sind und kleinere Rollen in einem Film haben möchten. Ich habe mit allen gesprochen und die einzelnen Fälle genau geprüft. Ich möchte bei allem so vorgehen, dass ich auswählen kann", erklärte Chandrarao.

„In Ihrem Büro werden viele junge Frauen angestellt sein. In den Schränken Ihres Büros werden zahlreiche teure Flaschen stehen. Ihre Abende werden bis spät in die Nacht gehen. Viele Freunde werden sich abends bei Ihnen treffen und Parties feiern, die Sie ausrichten. Das sage ich Ihnen voraus. Es ist nur der gesunde Menschenverstand und keine Astrologie. Die Astrologie enthält milde, beruhigende Ausdrucksweisen mit vielen angenehmen und ermutigenden Vorhaben, während der gesunde Menschenverstand manchmal unbarmherzige Worte als Tatsachen zum Ausdruck bringt", sagte Mohan und brummte dabei.

* * *

„Guten Morgen. Nun folgt der dritte Abschnitt, denn wir treffen uns zum dritten Mal. Jetzt sage ich voraus, besser: jetzt sage ich 'hinterher', dass Sie von Hyderabad weggegangen sind, nachdem Sie Konkurs gemacht haben und in der Tinte sitzen. Ist es so?"

„Ja, aber alles ist anders gelaufen, als ich erwartet habe. Jeder hat mich getäuscht und betrogen."

„Sonst wären die Leute auch dumm gewesen. Sie mussten so handeln, weil sie eine annehmbare Umgebung und einen fruchtbaren Boden vorfanden. Alle üben ihren erlernten Beruf aus, nur Sie sind die einzige Ausnahme. Selbstverständlich kann ich diese Dinge auch Saturn, Mars oder *Râhu* zuschreiben, um alles vernünftiger und schmackhafter erscheinen zu lassen, so dass Sie es besser schlucken können. Aber da das Thema insgesamt ein Trauerspiel ist, finde ich überhaupt nichts Schönes daran, das Drehbuch in eine versüßte Sprache einzukleiden. Trotzdem kann ich den Grund der ganzen Sache verstehen", lächelte Mohan.

„Mein Herr, wenn Sie den Grund kennen, dann erklären Sie ihn mir bitte", sagte Chandrarao mit blassem Gesicht, und er fügte hinzu: „Machen Sie ihn mir ganz deutlich."

„Es ist zu spät. Wozu soll das gut sein? Als ich es Ihnen ganz zu Anfang gesagt habe, wollten Sie sich lieber nicht weise verhalten", lächelte Mohan.

„Bitte erklären Sie es mir. Ist alles so gekommen, weil ich spät abends viele Parties gegeben habe, um meinen falschen Freunden zu gefallen?"

„Nein, Sir. Weil Sie mit ihnen unmäßig getrunken haben, aber auch, weil Sie der Sohn eines orthodoxen *Brâhmanen* sind. Doch das ist nicht der wahre Grund. Viele Leute geben ihr Geld für Alkohol aus, obwohl sie in orthodoxen *Brâhmanen*-Familien geboren wurden. Das bedeutet nicht viel, weil es nur auf den Verlust einer hohen Geburt hinausläuft. Es kann nicht der wahre Grund sein", lächelte Mohan.

„Hat es daran gelegen, dass ich zu viele Frauen in meinem Büro beschäftigt habe?", fragte Chandrarao.

„Nein, der eigentliche Grund ist, dass Sie sich mit ihnen eingelassen haben. Ich wollte Ihnen alle diese Einzelheiten voraussagen, aber ich fürchtete, dass sich meine Vorhersage bei Ihnen autosuggestiv auswirken könnte. Aber selbst das ist nicht der wirkliche Grund."

„Ist es meine Inkompetenz?"

„Nein, Sie sind ja kein Neuling."

„Ist es meine fehlende Erfahrung in diesem Bereich?"

„Nein, denn das habe ich ja vorher gesagt."

„Was ist dann der wahre Grund meines Misserfolgs? Ich flehe Sie an, sagen Sie es mir."

„Ich werde es Ihnen erklären. In Ihrer vorausgehenden Inkarnation borgte sich einer Ihrer Freunde

80 000 Rupien von Ihnen und kümmerte sich nie darum, das Geld zurückzuzahlen. Jetzt wurden Sie als sein Sohn geboren, und Sie haben sich das Geld zurückgeholt. Die ganze Sache mit Ihrer Filmproduktion diente nur dazu, jenem Freund den Geldbetrag wieder abzunehmen. Wenn Sie meinen Worten nicht glauben, kann ich ein paar Verse über diese Geschichte in Tamil oder Sanskrit verfassen und Sie Ihnen mit allen Namen als *Nâdi Granth* vorlesen." Bei diesen Worten lächelte Mohan wie üblich.

## Ehen werden im Himmel geschlossen

„Ich hätte gern ein paar Minuten mit Ihnen, um Sie wegen meiner häuslichen Probleme um Rat zu fragen. Wann haben Sie Zeit?"

„Jetzt, denn ich kann nicht über meine Zeit verfügen."

„Glauben Sie, Sir, dass Ehen im Himmel geschlossen werden?"

„Ja, das glaube ich, aber nicht so, wie Sie es sich vorstellen. Der Himmel bedeutet Gottes Wille, und er wirkt durch die Neigungen und das Verhalten der Menschen. Das Verhalten ist das Ergebnis früherer Gewohnheiten im Denken, Handeln und Gestalten. Die gewohnheitsbildende Natur bewahrt die Samen der früheren Neigungen auf und gibt sie frei, damit sie zu Handlungen keimen und Früchte tragen. All das ist Gottes Spaß, weil seine Tätigkeit sich durch diese Neigungen zieht, ohne auch nur im Geringsten von ihnen beeinträchtigt zu werden. Die Planetenpositionen und die Konstellationen zum Zeitpunkt der Geburt eines Menschen bilden ein Muster, das den Lebensausdruck der einzelnen Menschen bestimmt. Wenn zwei Personen zusammenkommen, sollten sich ihre Muster gegenseitig ergänzen. Die Muster werden im Himmel gebildet, und die Wahl wird in uns getroffen. Ehen werden im Himmel geschlossen, aber es liegt in der Verantwortung der Menschen, die Paare ausfindig zu machen, die im Himmel getraut wurden, und sie in einer bürgerlichen Heirat auf der irdischen Ebene zusammenzuführen", antwortete ich.

Noch einmal entgegnete der Fremde: „Ich habe eine Tochter. Sie ist 22 Jahre alt. Bisher konnte ich sie noch nicht verheiraten. Schon viele Heiraten habe ich für sie arrangiert, aber keine kam dann tatsächlich zustande."

„Ja, weil nur die eine zustande kommen wird. Ihre Unruhe trübt Ihre Wahrnehmung der Tatsachen, die Ihnen vorliegen. Warten Sie und entscheiden Sie sich für das Passende. Im Allgemeinen verwechseln die Leute verschiedene Tatsachen mit dem Wesentlichen. Das ist die Ursache für Kummer und manchmal für Verzögerung. Wenn jeder in der Familie glaubt, wichtig zu sein und versucht, den Bräutigam zu beurteilen, ihn mit abgedroschenen Phrasen auszufragen, dann wird das Ziel verfehlt, und Sie verpassen die erforderliche Situation. Auf diese Weise wird die Angelegenheit verzögert. Wenn Sie diesen Aspekt zusammen mit den finanziellen Überlegungen ausschalten, werden Sie mit Leichtigkeit das Paar zusammenführen können, das im Himmel miteinander verheiratet ist", antwortete ich.

Der Fremde fuhr fort: „Hier sind die beiden Horoskope, die im Augenblick in Betracht gezogen werden. Die Ältesten aus beiden Familien wollen sich morgen treffen und alles miteinander besprechen. Ich würde gern Ihre Meinung zur Vereinbarkeit der Horoskope hören."

„Lassen Sie nicht die Familienältesten die Angelegenheit erörtern und entscheiden, bevor nicht der junge Mann und die junge Frau miteinander gesprochen und ihre Eindrücke mitgeteilt haben. Ihre Wahl ist von größter Wichtigkeit. Lassen Sie alle weiteren Dinge dementsprechend Form annehmen."

„Aber so ist es nicht Brauch in unseren Familien. Alle Ältesten müssen das Für und Wider erörtern, den jungen Mann überprüfen und dann zur Entscheidung kommen. Unglücklicherweise können wir das nicht umgehen", sagte er.

„Sie selbst sagen 'unglücklicherweise'. Jeder wird seinen eigenen Standpunkt haben, und vergessen Sie nicht, dass auch der junge Mann und die junge Frau ihre Standpunkte haben. Lassen Sie die beiden selbst die Entscheidung treffen, und Sie, die Eltern, können ihnen helfen, sich richtig zu entscheiden. Meine astrologischen Kenntnisse sagen mir, dass die Charaktere dieser beiden Horoskope nicht zueinander passen. Dazu kommt, dass die festgesetzte Zeit für die Heirat im Himmel bei den beiden jungen Leuten nicht miteinander übereinstimmt. Aber selbst bei dieser Lage der Dinge möchte ich die letzte Entscheidung dem Paar überlassen."

* * *

Nach vier Tagen kam der Fremde erneut zu mir und erzählte, dass die Familienältesten alles erörtert und beschlossen hätten, das Paar miteinander zu verheiraten. Er brachte seine große Erleichterung zum Ausdruck, da er das Gefühl hatte, dass ihm die Last der Verantwortung von den Schultern genommen war. Trotzdem sagte ich: „Es ist nicht gut, wie mit dieser Situation umgegangen wird. Das Beschließen und Durchführen einer Heirat sollte Könnerschaft zeigen und Erfüllung bringen und nicht das Loswerden einer Last sein. Ausweichen ist keine Lösung für eine Situation, vor allem, wenn bis jetzt noch keine Probleme aufgetreten sind. Falls wir es zu einem Problem werden lassen, kommt es mit doppelter Heftigkeit zu uns zurück."

Offensichtlich konnten meine Worte ihn nicht überzeugen. Nach zwei Monaten, in denen die Familien ausführlich über den finanziellen Aspekt der Heirat diskutierten, kamen alle zu dem Schluss, dass das Paar heiraten solle. Ein günstiges Datum wurde festgelegt, und die Heirat fand statt. Auch ich war eingeladen und daher anwesend, um meine guten Wünsche und mein Geschenk zu überbringen.

* * *

„Die Hauptschwierigkeit ist, dass der junge Mann unsere Freundlichkeit anscheinend nicht zu schätzen weiß. Wir sind bereit, ihm in vielerlei Hinsicht zu helfen. Wir haben zahlreiche Empfehlungsschreiben für ihn, durch die er in Bombay eine gute Arbeitsstelle bekommen kann. Ich habe Freunde in hohen Positionen, die sehr froh wären, meinem Schwiegersohn auf seinem Lebensweg helfen zu können, aber dieser Bursche scheint nicht zu verstehen, was ich sage. Selbst seine Eltern und seine Familienältesten sind sehr unnachgiebig. Sie behaupten, der junge Mann sei mit seiner Frau nicht zufrieden, und das sagen sie nach der Hochzeit."

„Aber vor der Hochzeit haben Sie sich nicht darum gekümmert, genau diesen Punkt zu verstehen. Damals war es nur eine Situation und kein Problem. Jetzt, nach der Heirat, ist es zu einem Problem geworden. Probleme erfordern oft kostspieligeren Einsatz, bis sie gelöst sind, und sie werden auch nur schlecht und unvollkommen gelöst."

„Aber was soll ich jetzt tun?", fragte der Fremde. „Ich hatte das Gefühl, dass meine Tochter dazu bestimmt war, diesen Mann zu heiraten, und ich sagte, dass Ehen im Himmel geschlossen werden. Irgendwie versuchen wir alles, dass er die Situation versteht und ein zufriedenes Leben führt."

* * *

Neun Monate später kam der Fremde wieder zu mir und fragte, ob ich mir das Horoskop seiner Tochter im Hinblick auf die Frage ansehen würde, wie ihr Eheglück aussehen könnte. Daraufhin antwortete ich ihm, dass die wirkliche Ehe seiner Tochter, die im Himmel geschlossen worden war, von ihren Eltern nicht erkannt und arrangiert worden sei. Bis sie in Übereinstimmung mit der himmlischen Ehe verheiratet sei, könne ihr Eheleben daher nicht beurteilt werden. In ihrer derzeitigen Situation solle sie unverheiratet bleiben und auf die passende Heirat im nächsten Leben warten.

Der Fremde konnte nicht verstehen, was ich meinte. Er klagte, dass sein Schwiegersohn versuchte, ein zweites Mal zu heiraten. Der Schwiegersohn wolle sich von seiner Tochter scheiden lassen und noch einmal heiraten. Es war bekannt, dass er sich von einem Mädchen, einer Berufskollegin, schon lange vor seiner jetzigen Ehefrau angezogen fühlte. Er behauptete, nachts nicht schlafen zu können, da er vollkommen durcheinander sei.

Sechs Monate später war der Fremde erneut bei mir und erzählte mir, dass sein Schwiegersohn mit dem Mädchen, das er liebte, zusammenlebte und auf die gesetzliche Trennung von seiner Tochter wartete. Der Fremde sagte: „Was geschehen soll, wird geschehen. Die Planeten sind mächtiger als unser Plan. Es ist bedauerlich, dass ich eine so gute und unglückliche Tochter habe. Mein früheres *Karma* brachte mich dazu, solch eine Heirat für meine Tochter zu arrangieren. Ich wiederhole noch einmal, dass Ehen im Himmel geschlossen werden."

## Menschenopfer

„Mein Name ist Ranjan, und meine Frau heißt Ramani. Vor zehn Jahren wurden wir verheiratet, und wir haben drei Kinder, zwei Töchter und einen Sohn. Wir sind in die Ghat-Wälder gekommen, um Ferien zu machen. Ich habe als Zweigstellenleiter in einem Industrieunternehmen gearbeitet. Wir haben kein Vermögen. In meiner Geldbörse habe ich etwa 600 Rupien, und meine Frau hat weitere 300 Rupien bei sich. Nehmt dieses Geld und unsere Habseligkeiten und lasst uns frei. Ich appelliere an eure Barmherzigkeit und euer Mitgefühl."

„Unsere Leute haben euch nicht überfallen, weil sie Geld oder Wertsachen haben wollen", sagte Bhootal, der König der Höhle. Er saß auf einem kleinen Thron vor dem Fußschemel einer Statue der Göttin *Kali,* die unvorstellbar groß war und mit ihrer herausgestreckten roten Zunge zwischen den vier gebogenen Fangzähnen furchterregend aussah. „Wir sind keine Diebe und keine Räuber. Bedenke, dass ich der König dieses kleinen Ortes bin. Morgen feiern wir das Fest des Menschenopfers. Das ist ein jährliches Ereignis. Niemand kann unserem Zugriff entkommen. Deine Frau befindet sich in der Nachbarhöhle. Dort ist sie bei meiner Königin und ihrer Dienerschaft sicher aufgehoben."

Ranjan war ganz blass, als er mit trockenen Lippen fragte: „Gibt es keine andere Möglichkeit?"

„Versuche etwas anderes vorzuschlagen, wenn du kannst", sagte der König.

„Wenn Euer Lordschaft gestatten, kann ich zusammen mit meiner Frau als eure Diener hier bleiben."

„Und was wird dann aus euren drei Kindern?"

Ranjan blickte verständnislos drein.

„Kannst du eine bessere Alternative vorschlagen?", fragte der König lächelnd.

„Können wir euch Stellvertreter bringen und selbst frei kommen?"

„Ja, wenn wir euch überhaupt erlauben wegzugehen und die Ersatzleute herzubringen. Selbst wenn wir es täten, könntet ihr nicht einen noch größeren Narren finden, der euch als Ersatzmann dient. Hör mir zu. Wir wollen nur einen Menschen, nicht euch beide. Du hast eine Stunde Zeit, um zu entscheiden, ob du dich selbst oder deine Frau der Göttin anbietest. Du musst wissen, dies ist eine große Gelegenheit, die viele Menschen gar nicht bekommen können. Die Gnade der Mutter strömt nur auf die Erwählten herab." Mit diesen Worten überließ ihn der König seiner Dienerschaft und ging weg.

* * *

„Du hast dich also entschieden, dich selbst der heiligen Mutter zu opfern, damit dein Liebling frei kommt?", fragte die Königin Ramani. Sie fand Gefallen an ihr, weil Ramani ihren Mann so sehr liebte.

„Kann ich Ranjan noch einmal sehen, bevor die Mutter mich in ihren Schoß holt?", fragte Ramani etwas kläglich.

„Ja", sagte die Königin, „aber nur aus einiger Entfernung. Du kannst nicht mit ihm sprechen. Du kannst auch deine drei Kinder aus der Entfernung sehen. Sie werden hierher gebracht, wenn du uns die Adresse von eurem Haus gibst."

Eine Weile dachte Ramani darüber nach und sagte dann: „Nein."

Die Königin wies ihre Bediensteten an, Ramani ein heiliges Parfumbad zu geben und sie mit feiner, kostbarer Seide zu schmücken. Viele köstliche Speisen und Getränke wurden ihr gebracht, die sie ablehnte. Dann wurde sie aufgefordert, zusammen mit der Königin im königlichen Bett zu schlafen.

„Was ist mit deinem König?“, fragte Ramani.

„Wir leben seit zehn Jahren im Zölibat“, antwortete die Königin. „In dieser Nacht bist du mein neugeborenes Kind. Solange du bei mir bist, brauchst du kein Unglück zu fürchten. Sieh den zunehmenden Mond, wie er durch eine Öffnung im Berg seine Strahlen auf mein Bett wirft. Mein Bettplatz wird jeden Tag entsprechend dem Winkel der Sonnen- und Mondstrahlen verändert.“

* * *

„Mein Herr, du hast versprochen, mich freizulassen. Und jetzt bringst du mich in diese dunkle Höhle. Was hast du wirklich vor? Muss ich die Hoffnung aufgeben, dass ich am Leben bleibe, weil du dein Versprechen nicht hältst?“, fragte Ranjan in der dunklen Höhle wie geistesabwesend.

Durch die Dunkelheit vernahm er die Stimme des Königs: „Ja, du kannst die Hoffnung auf dein Überleben aufgeben. Wenn irgendjemand darum bittet, auf Kosten seiner Frau freizukommen, wird er getötet. Sollte die Frau auf Kosten ihres Mannes freikommen wollen, wird auch sie getötet. So ist es nach dem Gesetz unserer heiligen Mutter.“

Und der König sprach weiter durch die Dunkelheit: „Ich kenne dein Denken. Jetzt nützt es dir auch nichts mehr, falls du darum bitten würdest, dass deine Frau freikommen soll. Deine liebe Frau wird von der Königin, meiner Frau, derselben Prüfung unterzogen."

Gespannt fragte Ranjan: „Was hat sie gesagt? Ist sie in Sicherheit? Wird sie leben dürfen oder dem gleichen Schicksal entgegensehen wie ich?"

Er hörte, wie der König in der Dunkelheit lachte und sagte: „Die Ergebnisse werden nicht einfach bekannt gegeben, mein Junge! Aufgrund deiner Einstellung hast du überhaupt keine Chance, die Ergebnisse zu erfahren. Wir kennen die Psyche der gebildeten modernen Menschen. Das Leben ist das Einzige, was sie lieben, vor allem das eigene, und deshalb verlieren sie es. Ihr armen Geschöpfe, die ihr nur Konkurrenzkampf gelernt habt. Ihr habt euch selbst dem Untergang geweiht. Hätten euch eure Eltern in das Gesetzbuch der heiligen Mutter eingeführt, wäret ihr alle in Sicherheit. Wer das Leben will, wird getötet, und wer stirbt, wird von neuem geboren.

Vor der Morgendämmerung wird dir dein Kopf plötzlich abgeschlagen und vor die Füße der heiligen Mutter geworfen. Das dient nur dazu, dir eine rasche Wiedergeburt in ein neues Leben zu ermöglichen, in dem du dich freiwillig anbieten kannst, deine Frau zu retten. Ich werde dir eine Gunst erweisen und alle Vorkehrungen treffen, um dafür zu sorgen, dass du keinen Schmerz spürst, wenn dein Kopf abgeschlagen wird. Da er dir in der Dunkelheit ganz plötzlich abgeschlagen wird, wirst du keinen Schmerz spüren. Übrigens, hast du in deinem Leben jemals gebetet?"

„Ja", erwiderte Ranjan mit schwacher Stimme. „Wir halten in meinem Haus gemeinsame Gebete ab. Wir sind glühende Verehrer von *Śri Lalita*. Jeden Freitag bieten wir Kokosnüsse und Bananen zusammen mit reichlich *Sindûr, Kurkuma* und Blumen an."

Erneut war die Stimme des Königs in der Dunkelheit zu hören: „Die Muttergottheit? Wie schade. Was kannst du ihr anbieten, wenn du nicht bereit bist, dein Leben für deine Frau zu geben? In dieser Welt gibt es nichts, was der Mutter gefällt, wenn man es ihr anbietet. Sie ist größer als alles in dieser Welt, und deshalb ist es unmöglich, ihr dadurch einen Gefallen zu erweisen, dass man ihr Kokosnüsse und Bananen anbietet, die man nach dem *Pûjâ* selbst isst. Nun sei zufrieden mit dem, was du anbieten konntest. Kannst du der Mutter alles anbieten, was du bis jetzt über deine Ausbildung, deinen Besitz und letztendlich über dich selbst weißt? Solange menschliche Geschöpfe existieren, die solche Absichten hegen wie du, habe ich da nicht das Recht, die Mutter einmal im Jahr mit einem Menschenopfer zu verehren? Ich habe das Gefühl, dass ich dieses Opfer sogar jeden Monat oder jede Woche wiederholen sollte. Wenn ich dich ansehe, spüre ich, dass ich dazu berechtigt bin. Ich gehe jetzt und verlasse dich für immer. Mögest du ein besseres und erleuchtetes Leben erben. Warte auf die Befehle der Mutter. Lebewohl."

* * *

„Ich konnte mir nie vorstellen, dass ihr das Glück haben würdet, eure Mutter noch einmal zu sehen, meine Kleinen. Kommt zu mir und umarmt mich. Sie haben alle Vorbereitungen getroffen, um mich zu töten und mich der Mutter zu opfern. In jener Nacht wurde ich von der Königin hoch geehrt. Die ganze Nacht über lag die Königin mit mir in ihrem Bett und führte mich in so viele gute Losungen des Lebens ein", sagte Ramani voller Verzückung. Ihre drei Kinder umarmten sie und weinten vor Freude.

„Aber wo ist unser Papa?", fragte Govind, ihr Sohn.

„Er ist in Sicherheit", antwortete die Mutter. „Aber ihr werdet ihn erst in drei Jahren wiedersehen können. Es tut mir leid zu sagen, dass dies alles aufgrund seiner eigenen Dummheit so ist."

## Teufel im Haus

„Mögen alle Lebewesen der Erde glücklich leben und möge ich sie alle als die Formen meines Herrn verehren." Bei diesen Worten öffnete Raghu seine Augen und lockerte seine stramme *Padmâsana*-Haltung auf dem Tigerfell. Kaum hatte er die Augen geöffnet, sah er, wie seine Frau die Streichholzschachtel vom *Pûjâ Mandir* nahm, um in der Küche mit dem Kochen zu beginnen. Sein Gesicht wurde wild wie ein Wolfsgesicht, und er brüllte: „Du hässlicher Teufel! Warum stirbst du nicht? Ich habe dir schon tausend und einmal gesagt, dass du nichts aus meinem Altarraum nehmen sollst. Wenn ich noch einmal sehe, dass du irgendetwas in diesem Raum anfasst..." Während Raghu mit seiner Faust vor ihrem Gesicht herumfuchtelte, konnte man hören, wie er mit den Zähnen knirschte. Das *Pûjâ* war beendet.

Der folgende Tag. Raghu heiligte den Raum mit seinen Gesängen: *„OM Bhuhu, OM Bhuvaha, OM Suvaha..."* Mit geschlossenen Augen thronte er in der *Padmâsana*-Haltung auf dem Tigerfell.

Sein vierjähriger Sohn Balakrishna ging still zum Altar und nahm ein großes Stück Kandiszucker, das Raghu Lord *Krishna* angeboten hatte. „Papa, das *Prasâd* ist süß, nicht?“, sagte der Junge und klopfte seinem Vater mit der linken Hand auf den Rücken, die klebrig vom Speichel war.

Raghu öffnete die Augen. Tausend Blitze kamen aus seinen Augen und tausend Donnerschläge aus seiner Stimme. „Du Dummkopf! Ich habe dir gesagt, dass ich deinen Kopf zerschmettere, wenn du in dieses Zimmer kommst!“

Inzwischen war Raghus Frau ins Zimmer geeilt, um den Jungen herauszuholen. Sie zitterte vor Angst und sagte: „Warum? Ich wollte nur vorsichtig sein. Gerade eben ist er meinen Blicken entkommen. Sei nicht böse. Ich werde den Jungen mitnehmen und dafür sorgen, dass er den Raum nicht wieder betritt.“

Die Stimme ihres Ehemanns brüllte: „Bevor du stirbst, wirst du das niemals zustande bringen. Du ungehobelter Mensch! Ich habe es dir schon zehntausend Mal gesagt. Jetzt ist meine Stille durch die zwei Teufel in meinem Haus gestört worden. Jeden Tag geht das so. Dies ist kein Haus, sondern ein Friedhof.“ Mit diesen Worten schloss Raghu seine Augen und begann wieder heilige *Mantren* zum Ruhm des Herrn zu singen: „Möge der Herr

*Balakrishna* an meinem *Pûjâ* Gefallen finden und seinen Segen auf alle niedergehen lassen."

Der dritte Tag. „Ich biete dem Herrn ein heiliges Bad mit Kampfer und Sandelholzöl an." Raghu goss heiliges Wasser auf das wunderschöne Bild von *Balakrishna,* während er die *Mantren* sang. Heute war er sich ganz sicher, dass er in der Stille bleiben würde, da er die Tür von innen verriegelt hatte. Die beiden Teufel konnten den Altarraum nicht mehr betreten.

Plötzlich hörte er, wie es an der Tür dreimal klopfte. In höchster Anspannung und Wut erhob er sich aus seiner verschränkten *Padmâsana*-Haltung und öffnete die Tür. Draußen stand seine Frau, die ganz blass war, als sie sagte: „Da sind zwei Herren, die dringend mit dir sprechen möchten. Was soll ich ihnen sagen?"

„Sie sollen zum Teufel gehen. Auch du sollst zum Teufel gehen." Mit diesen Worten eilte er zum Haupteingang des Hauses und sah dort zwei Männer stehen. Sein ganzer Zorn verrauchte, und das Gesicht des scheinheiligen Raghu zeigte ein Lächeln. Er wirkte wie eine Katze vor einem Schälchen voll Milch. Etwa eine halbe Stunde lang sprach er mit den beiden, begleitete sie nach draußen, verriegelte die Tür von innen und kehrte zurück.

„Das sind meine Freunde, die in unserer Gruppe am Abend Karten spielen. Trotzdem sind sie nicht so wichtig wie mein Herr in meinem Altarraum. Du musst lernen, ihnen zu sagen, dass ich bei meinem *Pûjâ* bin und sie dann wegschicken. Klopfe nicht an die Tür, wenn irgendjemand kommt. Wann lernst du endlich? Ab Morgen klopfst du nicht mehr an meine Tür, auch nicht, wenn unser Premierminister kommt." Er eilte in den *Pûjâ*-Raum, verriegelte die Tür und setzte sich zur Meditation hin.

Der vierte Tag begann. Wieder klopfte es dreimal an die Tür. Es war ein hastiges, schreckliches, lautes Klopfen, und er eilte zur Tür. Als er öffnete, sah er seinen Sohn Balakrishna, der sagte: „Papa, mein Kandiszucker liegt da drin. Ich möchte ihn haben und essen."

Raghu war sich nicht sicher, ob er den Jungen nicht zu einem Häuflein Chutney zermalmen sollte. Im selben Augenblick kam seine Frau hastig herbei und sagte: „Dein Bürobote wartet an der Tür. Er bringt dir eine dringende Nachricht vom Bürovorstand." Sanft wie ein Lamm schlich

Raghu zur Veranda, um zu hören, worum es sich handelte. Er musste sofort ins Büro aufbrechen.

In jener Nacht konnte Raghu nicht schlafen. Er dachte über alle Hindernisse nach, mit denen er bei seinem *Pûjâ* zu tun hatte. Jeden Tag wurde er gestört. Die Dinge liefen ihm aus der Hand. Vielleicht hielten sich in seinem Haus Teufel auf. Oder es stimmte etwas mit der Konstruktion seines Hauses nicht. Vielleicht war auch Mars Schuld, der seinen Geburtsmond überquerte. Ja, Mars war mächtiger als Gott. Er musste Mars mit einem Opfer bestechen, um weitere Störungen zu vermeiden. Es könnte auch sein, dass in seinem Geburtshoroskop überhaupt nichts stimmte. Manchmal schien die Stadt, in der er lebte, für sein Gedeihen nicht passend zu sein. Die Gedanken flogen wie Wespen in seinem Kopf umher.

„Mein Herr, was bedeutet das alles? Meine Frau, mein Sohn, meine Freunde, mein Bürobote, mein Bürovorstand – sind das alles Teufel? Das kann ich mir nicht vorstellen. Ich bitte dich, dieses Rätsel zu lösen. Sind alle diese schwachen, zerbrechlichen Wesen stark genug, um meine Andachten für dich zu stören?“ Bei diesen Worten faltete er seine Hände und übergab das Rätsel dem

Herrn. Schlaf übermannte ihn, und er hatte einen Traum.

Er befand sich in Brindavan. Kleine blühende Kriechpflanzen wiegten sanft ihre Köpfe im Wind, und es duftete nach Sandelholzparfum. Der Mond lächelte am Himmel und schickte sein Lächeln in den Mondstrahlen zur Erde. Pfauen tanzten, Kuckucke sangen und Papageien zirpten. Aus der Entfernung hörte er Flötenmusik. Jemand trat ein. Vielleicht war es Lord *Krishna* selbst? Nein, es war Raghus Frau. Sie lächelte und tanzte. Ihr Haar war nach oben gekämmt, und sie trug eine Pfauenfeder auf einer goldenen Krone. In ihren Händen hielt sie die göttliche Flöte und spielte auf ihr. Himmlische Musik war zu hören. Dann kam sein Sohn über die Wiese herab. In einer Hand hielt er einen Klumpen Kandiszucker und in der anderen Hand die göttliche Flöte. Er trug ein Büschel aus Pfauenfedern auf seinem Kopf und tanzte zu der Musik. Jetzt kam der Bürobote. Um seinen Nacken trug er Girlanden, und auf seiner Brust glitzerten Juwelen. Er hatte eine wunderschöne kleine Brauenmarkierung, das *Kastûrî Tilak*. Seine zarten Hände, die mit Armreifen geschmückt waren, hielten die göttliche Flöte, und auch er spielte darauf die himmlische

Musik. Nun erblickte Raghu den Bürovorsteher. Wie üblich trug er einen Anzug, aber auf seinem Kopf hatte auch er eine Pfauenfeder. In seiner linken Hand hielt er eine Muschel und in der rechten das göttliche Rad *Sudharśan*. Der Bürovorsteher hatte vier Arme. In den beiden anderen Händen hielt er die Flöte, mit der er himmlische Musik spielte. Die vier Personen umtanzten Raghu im Kreis. Es war das *Râsalila*. Sie lächelten und sagten: „Das Hindernis ist in deinem Denken. Beseitige es. Übergib es IHM. ICH bin hier, überall und in jeder Person. Es gibt nichts, was ICH nicht bin. Lebe nicht in dir. Biete dich MIR an. ICH bin in dir, du bist in MIR."

## Die heilige Prozession

Prabhu, ein lebenslanger Zölibatär, saß in seinem Lehnstuhl. Seine Beine hingen herab, und die Zehen berührten den Boden. Er hatte sich zurückgelehnt. Sein Kopf ruhte auf einem Kissen, und er las in einem weit geöffneten Buch. Mit beiden Händen hielt er das Buch und las mit gespannter Aufmerksamkeit. Hin und wieder lächelte er vor sich hin, weil er sich über die Gespräche zwischen *Hanumân* und *Srî Râma* freute. Er las das *Kishkindhâ Kânda* im *Râmâyana*.

In sehr großen Abständen unterbrach er das Lesen für einige Augenblicke und schaute durch die schmale Tür seiner Einsiedelei, einer runden Hütte aus Palmblättern, die oben auf einem Hügel erbaut war. Der Hügel war mit dem üppigen Grün dicht bepflanzter Maisfelder bewachsen, die von den Bergstämmen, seinen Jüngern, angelegt worden waren. Vor dem klaren blauen Hintergrund des Himmels wirkten die Reihen der gut gewachsenen Maispflanzen so, als wären sie von einem Künstler gemalt. Hin und wieder kam ein kleiner Vogel im Sturzflug in die Maiskolben und stahl ein paar Körner. Diesen Anblick genoss Prabhu, wenn er von seinem Lehnstuhl aus durch die Tür schaute.

Während er in die poetische Bildersprache von *Vâlmîki* vertieft war, krabbelte etwas auf seinen großen Zeh, der den Boden berührte. Er hörte auf zu lesen und sah nach unten. Ein schwarzer, drahtiger Bursche von etwa 40 Jahren kroch wie eine sich entrollende Kobra und berührte seine Lotusfüße. Ein anderer Bursche von etwa 50 Jahren, stämmig und mit dunkler Hautfarbe, stand in einiger Entfernung. Beide waren mit dickem *Khâdi* bekleidet.

Der Stehende gab dem Kriechenden Anweisungen: „Fall zu seinen heiligen Füßen nieder. Umfasse die Füße ganz fest. Lass sie nicht eher los, bis der *Guruji* verspricht, dass er dich rettet."

Der Kriechende gehorchte stillschweigend und sagte dann: „*Guruji*! Ich werde deine Füße nicht loslassen, bis du mir versprichst, dass du mich rettest."

Prabhu lächelte und sagte: „*Hanumân* spricht. Zu jeder Zeit und an jedem Ort wird er den Gerechten schützen und den Sündigen vernichten. Steh auf und erzähle mir, wieso du gerettet werden willst."

Da setzte sich der Kriechende zu Prabhus Füßen und sprach langsam, wobei er Prabhus Füße fest drückte: „*Guruji*, ich heiße Appalakonda. Ich wurde zum Tahsildar von Narsipatnam befördert. Die Leute wurden neidisch auf mich. Viele von ihnen haben Gerüchte über mich verbreitet und mich der Bestechung beschuldigt. Der derzeitige Kassierer hat Befragungen durchgeführt und mich suspendiert. Er ist dein begeisterter Jünger. Du musst mit ihm sprechen und mich retten. Ich habe viele Kinder und eine Frau."

* * *

„*Guruji*, seit langer Zeit berühre ich deine Füße und empfange von Zeit zu Zeit immer wieder deinen Segen. Jetzt komme ich zu dir, weil ich meinen Leuten dienen möchte. Ich kandidiere bei den nächsten Wahlen. Ich möchte, dass du mich mit der ganzen Kraft deines *Tapas* segnest und so dafür sorgst, dass ich gewählt werde. Noch eine Sache: Alle führenden Politiker in unserer Region sind deine Jünger. Du solltest ihnen befehlen, mir zu helfen."

* * *

„*Guruji*! Ich habe genug von diesem *Samsâra*. Mein Bruder und meine verwitwete Mutter weigern sich, den Besitz zu verteilen. Ich möchte meinen Anteil vom Besitz meines Vaters haben und mein eigenes Geschäft eröffnen, in Konkurrenz zu meinem Bruder, der ein ganz schlechter Kerl ist. Mit der ganzen Hingabe meines Herzens lade ich dich ein, in mein Haus zu kommen und meinem Bruder und meiner Mutter zu befehlen, den Besitz aufzuteilen."

Unterdessen hatte die alte Frau in der Küche der Einsiedelei einen Hustenanfall bekommen und war in Ohnmacht gefallen. Prabhu eilte in die Küche und trug sie in das vordere Zimmer. Er legte sie flach hin, sprengte Wasser auf ihr Gesicht und ließ sie ein paar Schlucke Milch trinken. Sie erholte sich und setzte sich auf. Mit leiser und schwacher Stimme sagte sie: „*Guruji*, es sieht so aus, als würde meine Frist ablaufen. Für mich gibt es keine größere Ehre als die Tatsache, dass ich während dieser drei Jahrzehnte deinen Füßen gedient habe. Jetzt, wo Alter und Krankheit wie zwei Teufel auf meinen Schultern sitzen, bin ich nicht mehr in der Lage, für alle Leute, die dich besuchen kommen, zu kochen und sie zu bedienen. Meine Hände und Füße tasten herum, um diese Pflicht weiterhin zu erfüllen, solange ich atme.

Aber meine Zeit läuft ab, und ich wünsche mir, dass deine Gnade bald zu mir kommen möge."

Prabhus Augen füllten sich mit Tränen, und er sagte: „Das liegt alles nur an deiner Sünde, dass du im Dienst für mich gelebt hast. Es wäre für dich besser gewesen, wenn du vor 30 Jahren hilflos und in Armut gestorben wärst. Nur die Hölle und keine Gnade habe ich über dich gebracht, indem ich dich diese egoistischen Blutsauger bedienen ließ, die mir unter dem Vorwand, meine Anhänger zu sein, das Blut aus meinen Füßen aussaugen. Alles ist hohl und eitel. Hohlheit kann nicht dadurch besser werden, dass sie sich mit Frömmigkeit bemäntelt. Jetzt ist es meine Pflicht, dir zu dienen. Du ruhst dich in den wenigen verbleibenden Tagen oder Wochen deines Lebens aus. Ich koche für dich und für alle diese Teufel, da ich das Spiel nicht einfach beenden kann. Ich habe mit dem Teufelsdrama angefangen, und die Burschen werden mir nicht erlauben, den Vorhang in der Mitte fallen zu lassen."

Prabhu kochte das Essen mit allen Zutaten und Gängen und bediente die *Chelas*, die an jenem Tag bei ihm waren. Der Tahsildar, der Geschäftsmann und die Politiker waren zusammen mit vielen anderen da und nahmen das *Prasâd* aus den Händen des *Guruji* entgegen. Seine Anhänger schlangen die wohlschmeckenden Gerichte herunter, die der *Guruji* zubereitet hatte. Eine stämmige Frau mittleren Alters brachte, während sie aß, ihren Wunsch vor: „*Guruji*, es ist eine Sünde, im *Samsâra* zwischen dem Ehemann und den Kindern zu leben. Ich mag die Art nicht, wie mein Mann und seine beiden verwitweten Schwestern leben. Es gab nicht einen einzigen Tag, an dem wir glücklich und zufrieden leben konnten. Nie erfüllt er einen meiner Wünsche. Für mich ist es an der Zeit, dem Weg des *Vairâgya* zu folgen. Ich werde meinen Mann zwingen, die Hälfte seines Besitzes meinem einzigen Sohn zu geben. Mir gehören fünf Morgen fruchtbares Land. Meine Mutter hat es mir gegeben. Das werde ich ebenfalls meinem Sohn übereignen und hierher kommen, um dir zu dienen. Wenn du deine heiligen Füße einmal in mein Haus setzen würdest und dafür sorgen könntest, dass mein Mann meinen Wunsch erfüllt, werde ich dir in deinen *Ashram* folgen und den Rest meines Lebens zu deinen Füßen verbringen. Die alte Frau in deiner Küche ist schwach geworden. Es ist offensichtlich, dass sie nicht mehr lange leben wird."

An jenem Abend taumelte Prabhu, als er hinaus auf die Felder ging. In seinem Kopf drehte sich alles, und er wäre beinahe gefallen. Trotzdem konnte er sich aufraffen und zur Einsiedelei zurückkehren. Seit kurzem litt er unter Bluthochdruck, weil ihn seine Jünger unaufhörlich plagten und zermürbten. Aus der Entfernung konnte er einen Girijan-Politiker erkennen, der sich der Einsiedelei näherte. Er war Mitglied des Parlaments und der Einzige, der in seinem Dorf die Telugu-Schrift kannte. Während er zu Prabhu kam, sagte er: „*Guruji*, dir scheint es nicht gut zu gehen. Oft habe ich dir gesagt, dass diese Leute egoistisch sind. Sie denken überhaupt nicht an deine Ruhe und Bequemlichkeit. Es ist absolut notwendig, dass du ihnen nicht gestattest, dich so zu bestürmen. Sie sollten in ihren Grenzen bleiben. Übrigens, ich habe im Tal ein neues Haus gebaut, und es ist fast fertig. Ich bin gekommen, um dich zu bitten, dass du kommen und deinen heiligen Fuß in mein Haus setzen mögest. Erst dann möchte ich einziehen."

In jener Nacht sah der *Guruji* eine matt brennende Fackel im Dunkeln den Berg hinaufklettern. Er sah hinaus. Das Licht kam zur Einsiedelei. Es war der junge Arzt. Er kam, um Prabhu zu sehen. Als er allein bei Prabhu saß, sagte er: „Mein Meister, bitte erlaube mir, mich um deine Gesundheit zu kümmern. Überschütte mich mit deiner Gnade, damit ich dich auffordern kann, dich auszuruhen und meinen Behandlungsverlauf zu befolgen."

Tränen traten Prabhu in die Augen, ohne dass irgendjemand dies in der Dunkelheit bemerkte. Er sagte: „Mein kleiner Engel der Liebe, ich gebe es jetzt zu. Mein ganzes Leben wird von diesen unwissenden, giftigen Zweibeinern weggenommen. Sie sind so egoistisch, dass sie nicht begreifen, wie sie mich zu ihrem eigenen Nutzen gebrauchen können."

Der Arzt antwortete: „*Guruji*, reise morgen nicht. Verschiebe alles um zwei Wochen."

Der Girijan-Politiker brachte Prabhus Körper in sein Auto und bekam seinen heiligen Wunsch erfüllt. Am nächsten Tag gab es eine große Prozession mit Hunderten von Autos und Fußgängern: Es war Prabhus Bestattung.

## Unser Klassenzimmer

Plötzlich nahmen Mani und Raman ihre Existenz wahr. Sie konnten sich nicht erinnern, ob sie schon vorher existiert hatten. Auf einmal hörten sie die Schulglocke, und sie kamen zur Besinnung. Der Unterricht war zuende, die Zeiger der Uhr zeigten an, dass die Zeit vorüber war, und der Lehrer verließ pünktlich das Klassenzimmer. Alle erhoben sich, auch Mani und Raman.

„Der Unterricht war heute ganz wunderbar", sagte Raman.

„Wie jeden Tag", lächelte Mani.

„Ich habe von allen Erklärungen, die uns gegeben wurden, Notizen gemacht."

„Ich konnte nichts aufschreiben, weil ich vollkommen aufmerksam alles verfolgt habe, was uns mitgeteilt wurde."

„Du scheinst einen Kassettenrecorder in dir zu haben. Ich habe das schon oft bemerkt", sagte Raman, während er seinen Füllfederhalter in die Verschlusskappe drehte.

„Ich habe ein Aufnahmegerät ohne Tonband in mir, weil ich mein eigenes Aufnahmegerät bin", antwortete Mani und steckte den Stift an seiner

Tasche fest. Sie kamen aus dem Klassenzimmer, das unterirdisch war, und traten ans Tageslicht.

„Seltsam! Ich habe überhaupt nicht daran gedacht, ob wir Tag oder Nacht haben. Jetzt ist es erst Nachmittag, aber während des Unterrichts hatte ich das Gefühl, als wäre es Nacht“, sagte Raman beim Verlassen des Schulgebäudes.

„Ja, es war Nacht. Nur das, was uns vermittelt wurde, war taghell. Es beschenkte uns mit seiner Gegenwart und ließ dabei alles andere in Vergessenheit geraten“, antwortete Mani.

Sie gingen über einen Rasen. Plötzlich blieb Mani stehen und berührte Ramans Kopf und Schultern. „Ich kann meinen eigenen Augen nicht trauen“, sagte er. „Ist es wahr oder träume ich? Du siehst völlig anders aus. Deine Haare sind grau geworden. Heute Morgen, als wir zum Unterricht gingen, sahst du aus wie immer. Deine Haare waren dunkel.“

„Mein Gott! Bei dir ist es genauso! Während des Unterrichts sind deine Haare ganz weiß geworden! Du siehst weiß aus, wie ein alter Mann. Dieser Rasen hier war auch noch nicht da, als wir zum Unterricht gingen. Das Schulgebäude hat sich auch verändert. Jetzt ist es ein sehr großes Gebäude. Die Räumlichkeiten sehen ganz anders aus. Wo sind wir?"

Die Glocke des Wohnheims läutete, und alle Schüler betraten in einer Reihe den Speisesaal. Mani und Raman folgten den anderen. Sie bekamen ihr Abendessen und wurden zu ihren Zimmern geführt, wo sie bald einschliefen. Als sie am nächsten Morgen erwachten, fanden sie sich in ihren eigenen Zimmern vor. Sie wussten nicht, wo sie waren. Jeder von beiden wollte den anderen treffen, doch sie konnten sich an nichts erinnern. Sie konnten sich nicht einmal an ihren Namen erinnern, ganz zu schweigen an den Namen des anderen. Beide wurden ins Klassenzimmer geführt, wo sie sich wieder trafen. Sie lächelten sich an, aber sie konnten sich nicht mehr an ihre Identität erinnern. Also setzten sie sich einfach hin.

Die Zeiger der Uhr zeigten den Beginn des Unterrichts an. Pünktlich betrat der Lehrer das Klassenzimmer, grüßte die Schüler mit einem Lächeln und begann zu unterrichten: „Ihr wisst nur, dass ich euer Lehrer bin, aber ich bin mehr als das. Ich bin ein Hypnotiseur und Magier. Alle meine Unterrichtsmethoden sind von Grund auf praktisch, und sie benötigen Magie, zeremonielle

Magie. Ihr kennt nur meinen Unterricht, aber dabei werdet ihr der Umwandlung durch ein großartiges Sakrament unterzogen, dass ich entworfen habe. Dieser Raum, das Klassenzimmer unter der Erde, entspricht dem Mutterleib. Die Treppe ist so angelegt, dass ihr jeden Tag über einen Durchgang in den Uterus eurer Mutter geführt werdet. Solange ihr in meinem Klassenraum sitzt, seid ihr in euren embryonischen Entwicklungsstadien.

Die Zeit ist nach den merkwürdigen Uhren, die ihr tragt, eingeteilt. Stunden und Minuten im Klassenzimmer sind draußen Jahrzehnte und Jahre. Ein Tag in unserem Klassenraum gleicht einem Jahr draußen. Mit Ausnahme dieser Methode habt ihr ansonsten keine Möglichkeit, die Geheimnisse im Universum und in euch selbst kennen zu lernen.

Ihr seht, dass auf den Wänden unseres Klassenraums das Sonnensystem mit den Planeten, Satelliten und den Lebewesen auf den Planeten gemalt ist. Genauso ist das Ei im Mutterschoß gestaltet. Es enthält die Einteilungen und Maße der Zeit. Aus diesem Grund könnt ihr nicht die äußere Welt sehen. Ihr entdeckt eure Eltern nicht, und ihr denkt nicht einmal daran, sie zu suchen. Die gesamte objektive Lebensspanne mit den einzelnen Ereignissen eurer Geburt, eures Heranwachsens, eures Tagesablaufs, eurer Ernährung und eures Schlafs stellt nur die automatische Drehung der Maschine dar, die wir 'die Welt' nennen. Wisst ihr, was passiert, wenn ich euch gestatte, dies alles zur Kenntnis zu nehmen und euch daran zu erinnern? Ihr werdet das gleiche Schicksal erleben wie jene, die ihre Energie und ihr Denken unnötigerweise immer für dieselbe Routine verausgaben.

Seht, mit welcher Schnelligkeit die Leute jede Minute und jede Sekunde in den Tod reisen, um ihren Lebensunterhalt zu verdienen. Die Räder ihres Gedankenfahrzeugs drehen sich mit erstaunlicher Geschwindigkeit, ohne den Boden zu berühren. Sie wissen, dass ihre Kinder heranwachsen, um zu lesen und zu lernen. Trotzdem ruinieren sie ihr Gehirn, um ihren Kindern eine Ausbildung zu geben. Sie wissen, dass ihre Kinder älter werden und heiraten. Trotzdem mühen sie sich ab und machen sich Sorgen, um ihre Kinder zu verheiraten. Sie wissen, dass sie essen, aber sie mühen sich ab, um Geld zu verdienen und zu essen. Sie wissen, dass die Kinder ihr eigenes Denken haben, ihre eigenen Bedürfnisse, ihre eigenen Vorlieben und Abneigungen. Trotzdem halten sie ihre Pläne mit ihren Vorlieben und Abneigungen für ihre Kinder aufrecht. Das tun sie, weil sie ihre Kinder besitzen wollen. Ein alter Baum kann die Pflanzen, die in seinen Samen enthalten sind, nicht in seinem Stamm, seiner Rinde und seinem Kork festhalten. Die Quintessenz dessen, was sie beabsichtigen, ist nichts als ein Leichnam. So sieht es die nächste Generation. Sie versuchen ihre eigene Lebensspanne mit all diesen Einzelheiten zu füllen und sie am obersten Rand wie einen vollgestopften Jutesack fest zuzuschnüren. Ihr werdet das gleiche Schicksal erleben, falls ich euch erlaube, euch an eure objektive Existenz zu erinnern. Daher habe ich mir diese praktische Methode ausgedacht. Sie dient als Sakrament, das euch vor eurem äußeren Leben mit den täglichen Ereignissen bewahrt. Nach so vielen Generationen weiß niemand mehr, wessen Kinder ihr seid. Ich habe Gruppen reiner junger Paare ausgebildet, die euch als Eltern dienen. Den Plan und das Ziel der Erschaffung der Menschen habe ich verstanden und somit dieses Erziehungssystem entworfen. Hier liegt euer *Ashram,* in den die Intellektuellen, Wissenschaftler und Philosophen des 20. Jahrhunderts nicht eintreten konnten.

Zu eurer Information: Nach den konventionellen Köpfen, die sich Daten merken, befindet ihr euch jetzt im 21. Jahrhundert. Eure Kinder sind ebenfalls in dieselbe Schule zugelassen, aber ihr habt keine Ahnung, wer eure Kinder sind, und sie kennen euch nicht als ihre Eltern. Die Eltern sind von der Natur bestimmte Bevollmächtigte, die die Neulinge im menschlichen Naturreich mit guten und gesunden Körpern versorgen sollen. Eure Kinder sind eure Klassenkameraden, aber das ist euch nicht bewusst. Bis zum Ende eurer Ausbildung würdet ihr versuchen, eure Kinder zu besitzen und sie euren Eigenarten und Standpunkten anzupassen, wenn ich euch gestatte, sie zu erkennen. Vollendet euren Werdegang als gute Schüler. Verteilt euch, mehrt euch und füllt dieselbe Erde, die vorher von Dummköpfen bevölkert war."

## Es scheint wahr zu sein

„Ich glaube nicht daran, dass es Gott gibt."

„Wenn ich mich recht erinnere, habe ich dich nie gebeten zu glauben."

„So leicht kommst du mir nicht davon. Ich weiß, dass du an Gott glaubst. Ich möchte einen Beweis für die Existenz deines Gottes. Sonst musst du akzeptieren, dass es keinen Gott gibt, und du musst das glauben, was ich glaube."

„Kannst du mir beweisen, dass du Hunger oder Durst hast? Solltest du es nicht beweisen können, erlaube ich dir nicht zu essen oder zu trinken. Meinst du, deine Beweisführung sei vernünftig? Was du fühlst, ist für dich wahr. Was ich fühle, ist für mich wahr. Warum kümmerst du dich darum, was andere empfinden oder wissen? Versuche zu verstehen, was du möchtest. Du hast dein eigenes Zentrum der Gedanken, Vorstellungen, Glaubensüberzeugungen, Bestrebungen und Ideale. Habe ich recht?"

„Ja, ich habe meine eigene Meinung in all diesen Dingen."

„Kannst du mir beschreiben, wie du zu deiner Überzeugung kommen konntest? Dadurch, dass du die Welt um dich gesehen hast, oder weil du über sie nachgedacht hast? Du bist von derselben Welt umgeben wie ich. Durch Beobachtung derselben Welt kamen wir im Lauf der Zeit zu verschiedenen Schlussfolgerungen. Ich nenne das Zentrum meiner Beobachtungen und Überzeugungen 'meinen Tempel'. Es ist mein Tempel, in dem mein Gott lebt", sagte Shyam lächelnd.

„Ich kann es als mein Ich bezeichnen. Warum sollte ich es Tempel oder Gott nennen? Wenn ich in der Lage bin, das zu tun, was ich tun möchte, habe ich nichts anderes als mich selbst in mir. Ich kann gehen, wohin ich will, und ich kann sprechen, was ich will. Ist es dann irgendetwas anderes als ich selbst?", fragte Ram.

„Wurdest du geboren, weil du es wolltest? Hast du den ersten Atemzug getan, weil du es wolltest? Schlägt dein Herz, weil du es willst? Hast du Hunger, weil du es willst? Jetzt bist du der Ansicht, dass du viele Dinge tun möchtest, und meinst auch, dass du alle diese Dinge tun kannst. Bevor du anfingst, Ansichten zu haben, wurden viele Dinge für dich getan: zum Beispiel deine Geburt, dein erster Atemzug, dein Herzschlag usw. Deine Pläne sind nur wie ein Schiff, das auf der Oberfläche des weiten Meeres der vorher vorhandenen Möglichkeiten segelt. Sie sind eine Eingrenzung aller vorher vorhandenen Möglichkeiten. Zwischen deiner Existenz und der Existenz der vorausgehenden Bedingungen gibt es eine gemeinsame Existenz. Sie hat den einen Willen und das eine Denken, das durch dich und auch durch mich wirkt", erklärte Shyam.

„Wenn das Denken deines Gottes durch alles wirkt, warum gibt es dann innere Widersprüche in dieser Schöpfung? Viele Leute sterben früh, viele sind krank oder arm. Viele werden betrogen, viele unmoralische Typen leben glücklich und im Überfluss. Vielen Menschen mit berechtigten Wünschen wird deren Erfüllung auf elende Weise vorenthalten. Nimm mein Beispiel. Ich wollte ein Mädchen heiraten, das ich aufrichtig liebe. Aber sie will mich nicht. Wie erklärst du dies? Kann dein Gott mir helfen?", fragte Ram.

„Vor wenigen Minuten hast du erklärt, du könntest alles tun, was du möchtest. Jetzt wolltest du ein Mädchen heiraten. Kannst du sie nicht heiraten? Sieh doch den Widerspruch der menschlichen Intelligenz, die ohne gesunden Menschenverstand ist. Nach dem, was du gesagt hast, hat

Gott dir nie den Vorschlag gemacht, dieses Mädchen zu heiraten. Es war deine Absicht, und du befragst Gott deswegen.

Worin liegt der Sinn, dass du deine gerechte Empörung gegenüber Gott zum Ausdruck bringst, der gar nicht da ist? Geh zu einem Astrologen, zu einem Vetter Gottes, und frage ihn, was in deinem Horoskop über deine Liebe und ihre Heirat zu sehen ist."

„Ich habe vor kurzem einen Astrologen konsultiert."

„Ohne die Zustimmung unseres Gottes? Glaubst du an Astrologie?"

„In gewissem Maße. Es ist eine Wissenschaft, die, wenn man sie richtig anwendet, uns die zukünftigen Ereignisse anzeigt. Eine Wissenschaft hat nichts mit der Existenz Gottes zu tun."

„Glaubst du, dass deine Zukunft in den Sternen steht? Falls es so ist, von wem wurde sie dort aufgeschrieben? Da ich an Gott glaube, bin ich nicht davon überzeugt, dass meine Zukunft von irgendjemandem außer mir bestimmt wird, von keinem Menschen und von keinem Stern. Wir Menschen, die wir an Gott glauben, sind in unserem gesunden Menschenverstand nicht so verbissen wie jene, die alles bestreiten, was sie nicht sehen können."

„Über Gott werden wir ein andermal sprechen. Zuerst will ich dir meine gegenwärtige Lage schildern. Der Astrologe sagte mir, dass ich dieses Mädchen in naher Zukunft heiraten würde."

„Alles hängt davon ab, wie du auf sie zugehst. Die Astrologie sagt dir nie, dass du heiraten wirst, selbst wenn du nur zu Hause liegst und schläfst. Die heilige Wissenschaft kann dir nur einen Hinweis geben, wie du dich selbst und die andere Person verstehen kannst. Sie macht dich auf mögliche Zeitpunkte zum Heiraten aufmerksam. Ist deine Hochzeit auf diese zeitliche Berechnung abgestimmt, wirst du ein glückliches Eheleben führen können. Du kannst astrologische Grundsätze übertreten und zu einem höchst ungünstigen Zeitpunkt heiraten, zum Beispiel auf einer Reise oder im Verlauf einer Krankheit. Das ist genauso, als würdest du überhaupt nicht heiraten, da die Folgen verheerend sind. So lehrt uns die Astrologie.

Gib mir deine Geburtsdaten und die Daten des Mädchens, das du liebst. Ich werde dir sagen, wie du die Situation lösen kannst", sagte Shyam und fing an, die Horoskope von Ram und Susila zu berechnen. Gleich darauf begann er mit den Erklärungen: „Saturn in deinem Horoskop steht in einem 90°-Winkel zu dem Mars in ihrem Horoskop. Dieser Aspekt zeigt eine schlechte Beziehung zwischen dem Naturell beider Personen an. Aber das ist nicht die ganze Wahrheit. Es weist nur auf einen Teil der psychischen Wünsche bei beiden hin. Saturn zeigt einen kalten Intellekt mit allen Tiefen der Berechnung an. Bei einem falschen Winkel gibt er einen Hinweis auf falsche Einschätzungen, Argwohn und zu viel Denken. Mars repräsentiert die emotionale und impulsive Natur eines Menschen. In diesem Fall liegen dein Intellekt und ihr Gefühl sich in den Haaren. Das weist darauf hin, dass du dich ihr nähern wolltest, als ihre Gefühle gerade ein bisschen durcheinander waren. Deine Annäherungsversuche waren zu kalt, zu berechnend und nachdenklich. Es ist gut möglich, dass du sie durch viele Fragen und Bedingungen im Hinblick auf die Zukunft gepeinigt hast."

„Genauso war es. Ich war zu vorsichtig in Bezug auf manche Aspekte und versuchte ihr bestimmte Versprechungen abzunehmen. Sie versuchte Einwände zu erheben, aber mit der Kraft meiner Argumente brachte ich sie zum Schweigen. Sie ging weg und ließ mir durch einen Freund, den wir beide kennen, mitteilen, dass ich in meinem Denken zu alt sei, obwohl ich einen jungen Körper hätte. Ihr würde meine Einstellung zum Leben nicht gefallen und sie lehne meinen Heiratsantrag rundweg ab. Jetzt sage mir, was ich tun soll“, fragte Ram.

Shyam prüfte die Horoskope noch einmal und antwortete: „Neptun in deinem Horoskop steht an der gleichen Stelle wie die Sonne in ihrem Horoskop. Das gibt einen Hinweis darauf, wie man sie herumkriegen kann. Leider ist Neptun mit Täuschung und Irreführung verbunden. Zu beidem musst du dich herablassen, wenn du sie herumkriegen willst.

Die Sonne im Horoskop einer Frau weist auf die Mentalität des Mannes hin, der für ihr Leben maßgeblich ist. Geh zu ihren Eltern, ohne dass sie etwas davon weiß. Sorge dafür, dass die Eltern deinen Namen nicht erfahren, bis ihr geheiratet habt. Auf diese Weise kannst du die Heirat zustande bringen. In ihrem Denken wird es jedoch ihr Leben lang einen Stachel der Unzufriedenheit geben. Das zeigt Neptun an, wann immer er Liebesangelegenheiten bestimmt.“

Nach zehn Tagen gewährte Susila Ram ein Lächeln. Sie informierte ihn darüber, dass ihre Eltern ihr einen Heiratsvorschlag gemacht hätten, den sie annehmen würde. Sie versicherte ihm, dass er sich bei ihr keine Hoffnungen zu machen brauche. Das gab sie ihm mit ihrem marsischen Ausdruck, einem racheerfüllten Lächeln, zu verstehen, und dann verließ sie ihn.

Ram setzte ein saturnisch finsteres Gesicht auf und kam zu Shyam. „Warte ein bisschen. Setze nicht das düstere Gesicht von Saturn auf. Mit deinem Grübchen auf dem Kinn kannst du das irreführende Lächeln Neptuns vortäuschen. Deine Täuschung wird Früchte tragen. Es gefällt Neptun, sie für dich herumzukriegen, aber denke daran, dass du den Stachel der Unzufriedenheit mit der allergrößten Geschicklichkeit deines Merkur wettmachen musst. Merkur regiert Reisen und das Erwerben ausgefallener Dinge. Ich fürchte, du musst mit ihr eine teure Hochzeitsreise machen“, sagte Shyam und lächelte.

Nach einer Woche erschien Susila blitzartig bei Ram und sagte: „Meine Heirat ist beschlossen.

Ich war in meinem Geburtsort. Die Hochzeitsgesellschaft ist gekommen und hat mich in Augenschein genommen. Sie waren zufrieden, und alles wurde festgemacht. Du brauchst dir keine Hoffnungen mehr zu machen."

„Hast du den jungen Mann gesehen?", fragte Ram.

„Ich brauche ihn nicht zu sehen", antwortete Susila. „Jeder andere auf dieser Erde ist besser als du. Wenn meine Eltern und seine Eltern zufrieden sind, brauche ich nichts mehr zu sagen. So viel Vertrauen habe ich zu meinen Eltern." Erneut blitzte Mars finster durch ihre Stimme auf. Ram war glücklich, aber sein Gesicht verriet nichts. Er dachte daran, wie eine Woche zuvor Susilas Vater zu seinem Geburtsort gekommen war und Ram in Augenschein genommen hatte. Beide hatten ein angenehmes Gespräch geführt, und alles wurde beschlossen. Ram hieß für Susilas Eltern Gopi Krishna. Für den Augenblick hatte er seinen Namen gewechselt. Gopi Krishna spielte die Rolle von Neptun in seinem Spiel in Brindavan.

Die Zeit der Hochzeit war gekommen. Als Susila hereingeführt wurde, erblickte sie Ram und war wie betäubt. Sie warf ihm Blicke zu, die wie

Nadeln und Stiche waren, aber sie konnte nichts tun. Sie setzte sich und ließ zu, dass Ram das *Mangalya* um ihren Nacken band und das Ritual vollendete.

Drei Jahre später kam Ram zu Shyam und versicherte ihm, dass er nach Ablauf dieser drei Jahre wirklich sehr glücklich sei. Alles hatte er mit größter Geschicklichkeit zusammengeführt und schön gestaltet. Trotzdem hatte Susila drei Jahre gebraucht, um sich mit den Tatsachen anzufreunden. Die Versöhnung war nun in Form eines kräftigen, schönen Kindes erkennbar.

Ram sagte: „Es scheint, als gäbe es ein Denken, das intelligenter ist als unseres. Wie könnte es sonst die planetarischen Intelligenzen so anordnen, dass sie sich auf ihrer Umlaufbahn bewegen und uns gleichzeitig helfen, wenn wir wissen, wie wir sie fragen müssen? Jene Intelligenz, die die Planeten ordnet, muss höchstwahrscheinlich das sein, was du Gott nennst."

„Es ist dieselbe Intelligenz, die dich dazu gebracht hat, ein Kind zu bekommen", antwortete Shyam. „Die Geschichte geht durch die Jahrtausende immer weiter. Es ist dieselbe Geschichte, die dennoch ewig neu und ungewöhnlich ist. Sie wird von einem unbekannten Schriftsteller auf den Seiten des Raumes durch die Syntax der Zeit mit den Buchstaben der planetarischen Körper geschrieben."

„Still dasitzen? Das heißt, du möchtest eigentlich nichts tun."

„Ich wiederhole in meinem Herzen *Râmas* Namen, den Namen des Herrn."

„Das bedeutet, du vertrödelst gern die Zeit." Wenn du etwas Nützliches für die Gesellschaft leistest, dann tust du etwas. *Râmas* Namen zu wiederholen ist so gut wie nichts tun."

„Das ist für dich wahr. Genauso ist etwas anderes für mich wahr. Jeder hat seine eigene stimmige Art, etwas zu tun. Die Wahrheit ist unpersönlich, aber wir verstehen sie auf der persönlichen Ebene und das auch nur stückchenweise. Ich tue das, was Ich für wahr halte. So gesehen bist du keineswegs besser."

„Es ist schade, dass du nicht verstehen kannst, was ich sage. Zwischen uns steht eine hohe Mauer."

„Aus meinem Blickwinkel könnte ich das Gleiche über dich behaupten. Aber ich beharre nicht auf meinem Gesichtspunkt, weil ich in allem am Namen Gottes festhalte", sagte Shyam lächelnd.

Zwischen Shyam und Raghavayya herrschte für zwei Minuten Stille. Dann sagte Shyam: „Du siehst, es gab zwei Minuten Stille, und du konntest sie nicht in den Griff bekommen. Trotzdem behauptest du, dass die Zeit nützlich verbracht werden muss. Du solltest begreifen, dass die Zeit unser Meister ist. Jetzt, wo deine Frau krank ist und du an ihrem Bett sitzt, ist es für dich sinnvoller, darauf zu achten, was sie braucht, statt die Stille anderer Leute und den Namen Gottes zu kritisieren."

Raghavayya sagte: „Manchmal sieht es so aus, als würden sich die Aussagen von Narren als richtig erweisen. Ich wollte in die Stadt fahren und für meine Frau Medizin holen. Gestern hat der Arzt dieses Medikament verordnet, und bis heute hatte ich noch keine Zeit, die Medizin zu besorgen. Ich wollte gerade in die Stadt aufbrechen, um sie zu kaufen. Dafür muss ich 20 km weit fahren. Das Fieber meiner Frau ist noch nicht gesunken. Trotzdem verliere ich mich in einem Gespräch mit dir über die Zeit, die Stille und den Namen Gottes. Ich habe das Gefühl, auch Dummheit ist ansteckend, nicht nur angeboren. Sieh, wie ich durch dein Denken bis jetzt bestimmt werde. Jetzt gehe ich und hole die Medizin."

„Ja, das ist der sinnvollere Teil deiner Arbeit, den du verstehen kannst. Viel Glück. Hole rasch das Medikament und komme deiner Verantwortung nach", sagte Shyam. Raghavayya ging die Straße entlang und kam zur Bushaltestelle. Er wartete auf den Bus und zählte dabei die Minuten. 18 Minuten musste er warten, bis er endlich einsteigen konnte. Ja, manchmal begreift man, dass die Zeit der Meister ist.

Bei der Apotheke in der Stadt stieg Raghavayya aus und kaufte die verordnete Medizin. Als er das Päckchen nehmen und das Geschäft verlassen wollte, entdeckte er seinen Kollegen Narayanarao, und er begann mit ihm ausführlich die neuesten Nachrichten des Tages zu diskutieren. Manchmal verlief die Diskussion etwas hitzig, da beide der Ideologie von zwei verschiedenen politischen Parteien folgten. Jeder kritisierte die Partei des anderen mit der Behauptung, sie würde ihren gesetzlichen Pflichten nicht nachkommen. Beide wiesen auf die fragwürdigen Methoden hin, denen die jeweils andere Partei folgte, und jeder von beiden hatte das Gefühl, dass seine Partei nicht freie Hand bekäme, um der Öffentlichkeit zu dienen.

Ihre Diskussion dauerte schon anderthalb Stunden, als Raghavayya sich plötzlich an den Gesundheitszustand seiner Frau erinnerte. Er erhob sich, verabschiedete sich von Narayanarao und nahm den nächsten Bus zurück nach Hause. Sein Denken war schneller als der Bus, aber er musste abwarten, bis der Bus seine Haltestelle erreicht hatte. Kaum war der Bus an seiner Ecke zum Stehen gekommen, da sprang Raghavayya schon hinaus und ging nach Hause. Dort legte Shyam gerade Raghavayyas Frau ein Taschentuch auf die Stirn, das er in kaltes Wasser getaucht hatte. Als er Raghavayya sah, seufzte er tief und sagte: „Sie hat hohes Fieber, 40,4°C."

Raghavayya trat näher und sah, wie sie sich im Bett ruhelos hin und her warf. „Warum kommst du so spät?", fragte Shyam.

„Narayanarao, dieser Typ, lief mir über den Weg und hat mich durch ein Gespräch viel Zeit gekostet. Ich vergesse alles, wenn ich in einem Gespräch über aktuelle politische Dinge bin. Das ist meine Schwäche."

„Du hast gesagt, meine Schwäche sei der Name Gottes. Jetzt kümmere dich um sie, wie es sich gehört, und gib ihr schnell die verordnete Medizin", sagte Shyam.

Raghavayya wollte ihr das erste Medikament verabreichen, das er in der Apotheke gekauft hatte, aber er entdeckte, dass er das Päckchen mit den Medikamenten im Geschäft liegen gelassen hatte. Wie schade! Die Politik war genauso gefährlich wie die Religion. Der eine kritisiert den anderen, weil er seinen Pflichten nicht ordentlich nachkommt.

„Schnell, gib ihr die erste Dosis", trieb Shyam ihn an.

Mit einem mitleidheischenden Blick gestand Raghavayya: „Ich habe das Päckchen mit den Medikamenten in der Apotheke vergessen."

„In politischen Fragen bist du zu religiös", sagte Shyam ein wenig spötttisch. „Du hast dich davon ganz in Anspruch nehmen lassen, genauso wie ein *Yoga*-Schüler ganz in seiner Atmung aufgeht."

Raghavayya wurde wütend und antwortete: „Ich bewundere deinen sprühenden Witz, aber wir müssen für die Patientin etwas Nützliches tun und das möglichst sofort."

Shyam sagte: „Nimm den nächsten Bus und fahre in die Stadt. Bring die Medizin her. Das ist das Einzige, was für sie jetzt nützlich ist."

Raghavayya fragte: „Wie kann ich sie in diesem Zustand hier lassen? Mach einen besseren Vorschlag."

Da sagte Shyam: „In diesem Augenblick können zwei nicht mehr tun als einer. Du bist ein bisschen erregt. Deshalb sollte ich jetzt besser aktiv werden. Ich werde für dich entscheiden, und du tust, was ich sage. Du nimmst den frühestmöglichen Bus in die Stadt, holst die Medizin und kommst zurück. Ich werde mich um die Patientin kümmern und hoffentlich das tun können, was hier nötig ist, bis du kommst. Ich bin nicht allein, weil *Râmas* Name bei mir ist."

Wortlos verschwand Raghvayya auf die Straße, nahm den Bus, fuhr in die Stadt und betrat die Apotheke. Der junge Mann am Verkaufstresen lächelte und überreichte ihm sogleich das Päckchen mit den Medikamenten. Raghavayya grüßte ihn und sagte: „Vielen Dank, das ist sehr nett von Ihnen."

Der junge Mann lächelte und sagte: „Danken Sie Lord Radhaswamy." Raghavayya nahm das Päckchen und kehrte nach Hause zurück. Er erinnerte sich nicht, ob er in den Bus eingestiegen war, ob er sich hingesetzt oder wieder ausgestiegen war.

Mit gemischten Gefühlen ging er auf sein Haus zu. Er war im Zweifel, ob die Medikamente in dieser Situation überhaupt von Nutzen sein würden, und ihm kam der Gedanke, ob er einen *Brâhmanen*-Priester mit einem Gefäß, zwei Bambusstangen usw., usw. holen sollte. Sehnlichst wünschte er sich, dass Shyam aus dem Haus kommen und ihm die Situation darlegen würde, bevor er das Haus betrat. Mit äußerster Vorsicht setzte er seinen rechten Fuß über die Schwelle, so wie ein Elefant, der einen Löwenkäfig betritt.

„Nach zehn Minuten fing sie an, nach Luft zu ringen. Ihr Gesicht war rot und die Augen eingefallen. Sie war nur halb bei Bewusstsein und stöhnte. Immer wieder schaute sie zur Tür und wartete offensichtlich auf deine Rückkehr. Mein Denken sagte mir, dass irgendetwas nicht stimmte. Ich schloss meine Augen und begann *Râmas* Namen zu singen."

Raghavayya schnitt Shyam das Wort ab und sagte: „Und jetzt willst du mir sagen, dass sie gestorben ist. Warum hältst du mich hier auf? Ich will sofort an ihr Bett und selbst sehen."

Shyam hielt ihn zurück und sagte lächelnd: „Wenn du zum Bett gehst, wirst du sehen, dass deine Frau außer Gefahr ist. Höre mir deshalb zu. Setz dich. Als ich *Râmas* Namen sang, bemerkte ich, dass jemand das Haus betrat. Es war Herr

Ramarao, der berühmte *âyurvedische* Arzt und Naturheiler aus Hyderabad. Er war in diese Stadt gekommen und hier ausgestiegen, um mich zu besuchen. Nachdem er zu meinem Haus gegangen war, kam er direkt hierher, um mich zu sehen. Rasch hatte er die Situation überblickt und sagte: ‚Mach dir keine Sorgen.' Er ging in den Hinterhof, brachte ein paar Blätter und zerquetschte sie. Zwei Tropfen von ihrem Saft gab er in ein Glas Wasser und ließ es deine Frau trinken. Dann tauchte er sein Taschentuch in warmes Wasser und legte es auf ihr Gesicht. Jetzt kannst du zu ihr gehen und die Lage betrachten."

Raghavayya ging geradewegs zum Bett und sah seine Frau ganz still darin liegen. Er streckte seine Hand aus und wollte sie berühren, aber Ramarao saß an ihrem Bett. Er hielt Raghavayyas Hand fest und sagte: „Sie schläft. Stören Sie sie nicht. Es geht mich nichts an, wer Sie sind. Wenn ich mich nicht irre, ist sie Ihre Frau. Sie ist außer Gefahr. Warten Sie, bis sie aufwacht. Ich will nur feststellen, ob ihre Temperatur wieder normal geworden ist. Danach können Sie meinen Anweisungen folgen. Jedoch erwarte ich von Ihnen, dass Sie das Päckchen mit den Medikamenten, die Sie geholt haben, nicht aufmachen. Bewahren Sie sie für eine bessere Gelegenheit auf, am besten für sich selbst. Ihre Frau braucht keine Medizin. Seien Sie dessen ganz sicher. Sie werden es selbst feststellen, nachdem sie aufgewacht ist."

## Nur zu!

Chandrasekhar war ein junger Akademiker, der erst vor kurzem Dozent an einer Universität geworden war. Er war ein junger, schlanker und hübsch anzusehender Bursche mit vibrierender, aufgeregter Konstitution und vorsichtigem Naturell. Auf jedem Gebiet wollte er den Ablauf der Dinge vorausplanen.

Eines Morgens kam er zu mir nach Hause und begrüßte mich. Mit gedämpftem, überlegtem Lächeln sah er mich durch seine Goldrandbrille an und begann ein Gespräch. Nach ein paar einführenden Sätzen sagte er: „Ich habe eine zweijährige Tochter, und meine Frau sieht erneut Mutterfreuden entgegen. Eine Tochter und ein Sohn sind für uns Inder genug. Ich möchte, dass Sie sich mein Horoskop ansehen und mir den entsprechenden Rat geben."

Ich erklärte mich einverstanden, sein Horoskop anzuschauen, bemerkte jedoch vorher: „Jetzt, wo Sie ein freudiges Ereignis erwarten, ist ein solcher Ratschlag völlig unangebracht. Erst nach der Entbindung können Sie über diese Dinge diskutieren."

Ich betrachtete sein Horoskop und bat ihn, diese Diskussion auf einen Termin nach der Entbindung zu verschieben.

„Sie gehen also davon aus, dass das nächste Kind ebenfalls eine Tochter wird?“, fragte Chandrasekhar.

Nach acht Monaten war er wieder bei mir, um mir die Nachricht von der Geburt seiner zweiten Tochter zu überbringen. „Raten Sie mir, einen weiteren Versuch zu wagen?“, fragte er, während er mir eine Kopie seines Horoskops reichte.

„Erwarten Sie von mir die Zusicherung, dass als nächstes ein Junge geboren werden wird?“, fragte ich zurück.

„Ja, genau das. Überprüfen Sie mein Horoskop und sagen Sie mir, ob das nächste Kind ein Junge wird.“

„Würde ich dabei herauslesen, dass es ein Junge wird, dann würden Sie ein weiteres Kind bekommen. Wenn es ein Mädchen wird, würden Sie es sich noch einmal überlegen.“

„Ja, ich muss eine Menge überlegen. Ich möchte nicht viele Kinder in die Welt setzen. Das wäre dumm. Sie kennen doch den Zustand unseres Landes.“

„Möchten Sie in diesem Fall keinen weiteren Versuch unternehmen? Wenn Sie Ihr Problem ernsthaft in Augenschein nehmen wollen, werde ich mich mit Ihren Planeten beschäftigen und nach einer Antwort suchen."

Chandrasekhar diskutierte weiter: „Sollte sich herausstellen, dass das nächste Kind ein Mädchen wird, möchte ich es nicht."

„Wenn Sie von der Astrologie überzeugt sind, ist es möglich, alle Ihre zukünftigen Kinder auf einmal zu ermitteln, nicht in der zeitlichen Reihenfolge ihrer Zeugung. Was würden Sie tun, falls Ihr viertes oder fünftes Kind ein Junge wird? Manchmal sind Entscheidungen sehr schwer. Bedenken Sie, dass der große internationale Dichter-Philosoph Indiens das 19. Kind seines Vaters war. Wenn Ihnen von den Planeten eine solche Gelegenheit geboten wird, wollen Sie sie dann annehmen oder ausschlagen?"

Chandrasekhar antwortete zögernd: „Ich weiß, dass Sie alles in Ihrer ganz eigenen, seltsamen Art erörtern. Sie wollen damit sagen, dass die Nation manchmal einen großen Verlust erleidet, wenn man auf Familienplanung achtet. Gleichzeitig möchte ich aber in diesem Land nicht alle meine 'Traum-Kinder' in die Welt setzen."

„Wenn es so ist, können Sie getrost aufhören."

„Sie wollen damit sagen, dass in meinem Horoskop keine männlichen Kinder angezeigt sind?"

„So viel zeigt mir die Wahrheit durch das begrenzte Fenster meines Verstehens an."

Da ergriff Chandrasekhar die Initiative und sagte: „Fünf herausragende Astrologen in dieser Stadt haben mir versichert, dass ich einen Jungen bekommen würde. Zwei von ihnen bestätigen, dass das nächste Kind ein Junge sein wird. Was raten Sie mir jetzt?"

„Falls Sie Ihre Hoffnung auf so viel Zusicherung setzen, dann nur zu! Doch meine Deutung stimmt nicht mit dem überein, was Sie von den Astrologen gehört haben."

Ein Jahr und acht Monate vergingen. Dann kam Chandrasekhar wieder mit einem Lächeln zu mir und sagte: „Ich habe es zum dritten Mal versucht, und es ist wieder ein Mädchen. Bitte, schauen Sie sich noch einmal mein Horoskop an und geben Sie mir einen Rat."

„Sie meinen einen Rat für den nächsten Treffer?"

„Seien Sie nicht albern. Seit unserer Studentenzeit haben Sie sich in der Weisheit entfaltet, aber Sie sind genauso albern geblieben, wie damals während der Studentenzeit. Sehen Sie sich mein Horoskop etwas sorgfältiger an."

„Glauben Sie, dass eine sorgfältigere Prüfung vielleicht einen Jungen ans Licht bringen könnte? In diesem Fall ist ein prüfender Blick auf mögliche medizinische Ursachen besser als die Astrologie. Dann könnten Sie eine Transplantation vornehmen, um einen Jungen zu bekommen. Soweit ich die Sachlage verstehe, zeigt Ihr Horoskop nicht an, dass Sie einen Jungen haben werden."

„Herr Scorpio, der erfahrene Astrologieprofessor, sagte, er sei sich hundertprozentig sicher, dass ich nächstes Mal einen Jungen bekommen werde", sagte Chandrasekhar aufbrausend. „Raten Sie mir, es zu versuchen?"

„Nein", sagte ich. Weitere anderthalb Jahre vergingen. Dann teilte Chandrasekhar mir mit, dass seine Frau erneut schwanger sei. Zu jener Zeit zog ich von Guntur weg und verlegte meine Zentrale nach Visakhapatnam. Aus irgendwelchen Gründen tauchten Chandrasekhar und seine Töchter für lange Zeit nicht mehr in meinen Gedanken auf.

Zehn Jahre vergingen. Eines Tages fand in der Universität ein Treffen der Prüfer statt, bei dem ich viele meiner alten Freunde und Kollegen in der Registratur wiedertraf. Als ich gerade mit der Bewertung des Prüfungspapiers beschäftigt war, klopfte mir jemand auf die Schulter, und als ich aufschaute, sah ich jemanden, der meinem alten Freund Chandrasekhar ähnelte. Er war dicker als Chandrasekhar, hatte eine rauere Haut, aber das Gesicht schien dasselbe zu sein. Allmählich erkannte ich meinen Freund.

Gegen 17 Uhr war das Treffen zuende. Es war sehr anstrengend gewesen, und wir fühlten uns wie geprügelte Esel. Ich freute mich darauf, nach Hause zu gehen, zu duschen und mich angenehm zu entspannen. Verstohlen folgte mir Chandrasekhar nach Hause. Er setzte sich an den Tisch vor mich hin und kramte Mappen mit alten Papieren aus seiner Tasche. Offensichtlich suchte er nach seinem Horoskop. Schließlich faltete er das Papier auseinander, in das seine Planeten eingepackt waren, und legte es auf den Tisch. „Ich bin zutiefst enttäuscht von den Astrologen und der Astrologie", sagte er. „Jedes Mal hat mir dieser Idiot von Astrologe versichert, dass es ein Sohn wird, und jedes Mal bekomme ich ein Mädchen. Es ist schon zu einem Spiel geworden."

„Wie viele Töchter sind es bis jetzt?", fragte ich.

„Neun. Vor langer Zeit gaben Sie mir den Rat, keine Kinder mehr zu haben. Raten Sie mir immer noch dazu?"

„Nein, keineswegs. Es ist unerheblich, jetzt, nachdem Sie neun Kinder in die Welt gesetzt haben, an Familienplanung zu denken. Der Begriff Idiot, den Sie benutzt haben, passt zu Ihnen, nicht zu den Astrologen. Jetzt, wo Sie sich so lange bemüht und eine überreiche Ernte bekommen haben, rate ich Ihnen genauso weiter zu machen, bis der Grund klar ist."

# *Yoga*-Praxis

„Seit einem Jahr praktiziere ich *Yoga*. Die Leute sagen, dass *Yoga* dem Denken Frieden bringt, aber ich habe ganz andere Erfahrungen gemacht. In letzter Zeit werden meine subtileren Körper immer feiner, und das hat zur Folge, dass ich keine Unruhe mehr um mich ertragen kann. Mit der Reinigung des Denkvermögens entfaltet sich immer stärker mein Sinn für Vollkommenheit, und mir fällt es sehr schwer, mich mit dieser Welt der äußeren Dinge, die jederzeit unvollkommen ist, abzufinden. Ich befinde mich im Widerspruch zu den Leute in meiner Umgebung. Sie leben weit unterhalb der Ebene meiner mentalen Reinheit." So klagte Balakrishna eines Abends. Er gehörte zu den zahlreichen jungen Leuten, die innerhalb der vier Wände ihres Altarraumes mit *Yoga*-Praxis begonnen hatten.

Ich brachte meine Zweifel zum Ausdruck: „Jene, die wissen, sagen, dass *Yoga* unsere innere Ruhe stärkt, weil er die verrückten Dinge und die Unruhe von der Oberfläche unseres Denkvermögens entfernt. Von Ihnen höre ich jedoch das Gegenteil. Ich habe meine Zweifel, ob Ihre Praxis richtig ist."

Balakrishna sagte: „Meine Praxis entspricht dem Lehrbuch. Schon vor langer Zeit habe ich ein *Yoga*-Buch studiert und zu verstehen versucht. Es besteht kein Zweifel daran, dass mein Denken rein geworden ist, und es fördert die Ruhe, die ich erwarte. Aber es ist bedauerlich, dass das strahlendste Licht den dunkelsten Schatten wirft. Das Problem liegt bei den Leuten in meiner Umgebung. Meine Frau ist so dumm, dass sie nicht verstehen kann, was ich möchte."

„Ein wahrer *Yoga*-Schüler möchte überhaupt nichts", wertete ich seine Worte. „Wünsche werden im Laufe der *Yoga*-Praxis auf ein Mindestmaß reduziert. Tatsächlich ist dies eine der Voraussetzungen für den ersten Schritt auf dem *Râja-Yoga*-Pfad."

Balakrishna versuchte mich in seine Richtung zu ziehen. „Hören Sie mir geduldig zu. Werden Sie nicht unruhig. Unruhe ist ein sicheres Zeichen aufwallender Emotionen. Ich kann mit jenen Geduld haben, die unruhig sind. Das gleiche Problem habe ich mit meiner Frau und unserem kleinen Kind. Wenn Sie nicht besser sind als die beiden, kann ich Ihnen nicht klar machen, was *Yoga* ist. Die ganze Zeit versuche ich mich mit jedem Menschen abzufinden, aber alle haben so viele Probleme in ihrem Denken. Die Folge ist, dass ich ständig Kopfschmerzen habe. Immer wenn jemand zu mir kommt, mit mir spricht und dann wieder geht, bekomme ich Kopfschmerzen, und ich brauche lange, bis sich alles wieder normalisiert hat. Das liegt daran, dass meine Nerven zu rein geworden sind. Je reiner sie werden, desto reizbarer werden sie. Aus diesem Grund, denke ich, haben die großen *Yogîs* und *Sanyâsis* der großen Masse den Rücken gekehrt und sich in die Wälder und Höhlen zurückgezogen."

„Das mag bei den *Sanyâsis* so sein, aber nicht bei den *Yogîs*", antwortete ich. „Im selben Augenblick, als *Gautama Buddha* das Licht in sich selbst erkannte, drehte er sich um und wendete sein Gesicht der leidenden Menschheit zu und fand in ihr seine eigene ruhige Widerspiegelung. Weder *Râma*, noch *Krishna*, noch Jesus wendeten ihren heiligen Rücken der Öffentlichkeit zu."

Mit einem Seufzer der Verzweiflung verließ Balakrishna mich im Park und ging nach Hause. Nach ein paar Tagen klopfte es plötzlich spät abends an meine Tür. Als ich öffnete, sah ich Balakrishna. Er sah noch schlimmer aus als vor kurzem, und sein

Gesichtsausdruck hatte sich auch verschlechtert. Er sah aus wie ein Hund, den man gebissen hatte. „Kann ich heute Nacht in Ihrem Zimmer schlafen? Nirgendwo finde ich Frieden. Jeder stört mich mit seinen Angelegenheiten."

„Üben Sie immer noch *Yoga*?", fragte ich.

„Ja, natürlich. Ich mache Meditationen für Fortgeschrittene. Den ganzen Tag stecken mich Leute mit ihren unreinen Schwingungen an, und ich leide darunter. Ich habe starke Kopfschmerzen, Schmerzen im ganzen Körper und zuviel Magensäure. Der Arzt sagte, dass die überschüssige Magensäure aus meiner Unruhe entsteht."

„Wie geht es Ihrer Frau und Ihrem Kind?"

„Erinnern Sie mich nicht daran. Ich habe von ihnen die Nase voll. Ich habe überhaupt keine Lust mehr, nach Hause zu gehen. Für die beiden habe ich alles geordnet und Anweisung gegeben, mein Gehalt nach Hause zu schicken. Sie müssen wissen, dass ich mich nie vor meiner Verantwortung gegenüber meiner Frau und dem Kind drücke."

„Hat Ihre Frau Sie wegen des Geldes und anderer Annehmlichkeiten geheiratet?", fragte ich ihn. „Ein Mensch sehnt sich nach der Gegenwart von jemandem, der ihm lieb und vertraut ist. Liebe ist der Ausdruck Gottes, und Gemeinschaft ist das kindliche Spiel des Herrn. Hören Sie um Himmels Willen mit Ihrer sogenannten *Yoga*-Praxis auf und seien Sie lieber weltlich als so zynisch. *Yoga*-Praxis setzt Toleranz voraus, und Frieden erfordert Güte. Glück und Zufriedenheit besucht solche Menschen, die Glück und Zufriedenheit geben und nicht jene, die Glück von anderen fordern. Die *yogische* Ethik ist anders als Sie sie verstehen. *Yoga* ist weder eine Erwerbung, noch eine Errungenschaft, sondern ein Gewahrwerden Ihres eigenen Erlebens. Es führt zur Ruhe und Gelassenheit, die Sie als Frieden an andere verteilen. Die Gelassenheit mag Leute, die eine gute Leitfähigkeit für diese Gelassenheit haben. Wenn Sie Frieden möchten und ihn in sich wie in einem Verschlag zusammenpferchen, wird die Stromspannung zu hoch, um sie in Ihrem schwachen Körper zu behalten. Die Spannung führt dazu, dass die Glühfäden durchbrennen, und dadurch wird der Körper dauerhaft geschädigt. So müssen Sie dann in der Welt wie eine entladene Batterie leben."

„In dem, was Sie sagen, finde ich ein Körnchen Wahrheit, aber meine Vollkommenheitsansprüche lassen nicht zu, dass andere sich mir gegenüber so benehmen, wie sie wollen", sagte Balakrishna seufzend.

„Begreifen Sie nicht, dass Sie sich anderen gegenüber so verhalten, wie Sie wollen und dass die anderen so freundlich sind, sich mit Ihren spirituellen Phantasievorstellungen abzufinden?", fragte ich.

„Das ist wahr. Tatsächlich habe ich schon mehrere Male daran gedacht, meine *Yoga*-Praxis aufzugeben. Aber was ist dann mit den *Yoga*-Übungen, die ich ein Jahr lang gemacht habe? Sind sie nicht verloren?", fragte er.

„Sie sind nie verloren", sagte ich. „Sie bleiben in Ihnen, so wie das Geld im Safe eines Geizhalses. Öffnen Sie die Truhe und verteilen Sie auf sinnvolle Weise, was Sie haben. Damit gewinnen sie die Menschen für sich. Sie können weiterhin *Yoga* üben, aber denken Sie daran, dass man Glück und Freude nur dadurch erwerben kann, dass man Freude gibt und nicht versucht, sie zu besitzen."

## „Ich wollte nur ein *Guru* sein."

*„Namaste, Swâmiji, Namaste."* Herr Ganesh, der wichtigste Industrielle der Stadt hielt dem neuen *Swâmiji* eine schwere Blumengirlande entgegen. Die untere Hälfte seines Körpers war in glänzende goldgelbe Seide gehüllt. Er hatte sie nach orthodoxer Art als Dhoti umgebunden. Auf seinem nackten, wuchtigen Oberkörper trug er nur seine heilige *Brâhmanen*-Schnur, die quer von einer Schulter herabhing. Mit großer Hingabe erleichterte Ganesh seine Hände, indem er dem *Swâmiji* die Girlande um den Hals legte. Der kleine Buckel des *Swâmiji* wurde durch das Gewicht der Girlande ein wenig zusammengedrückt. Dann warf Ganesh sein ganzes Körpergewicht auf die heiligen Füße des *Swâmiji* und sagte: *„Swâmiji,* jetzt bin ich in Sicherheit. Alle meine Lasten habe ich auf deine heiligen Füße geworfen. Jetzt ist das Wohlergehen meiner Familie die Angelegenheit unseres *Swâmiji.* Ich kann bei deinen heiligen Füßen sitzen, mich die ganze Zeit ausruhen und dabei den transzendentalen Frieden genießen."

Mahesh, der Direktor einer großen Bank, folgte den Spuren von Ganesh. Mahesh gehörte zu den wichtigen Leuten in der Stadt. Er fiel zu Füßen des *Swâmiji* nieder. Dann erhob er sich wieder und füllte die Hände des *Swâmiji* mit Äpfeln und Bananen. Der arme *Swâmiji* musste nun mit der schweren Girlande und den Früchten herumgehen.

Suresh, der Manager eines Fünf-Sterne-Hotels, berührte die heiligen Zehen des *Swâmiji*, kratzte den heiligen Staub von ihnen ab und verteilte ihn auf seinem Kopf. Außerdem bewahrte er in einem Stück Papier noch etwas Staub für sich selbst, sowie für die Köpfe seiner Frau und seiner Kinder auf. Dann stand er wie ein Klappstuhl auf, der zusammengelegt worden war, und befestigte die kegelförmigen Päckchen mit Hotelsüßigkeiten am Ellbogen des *Swâmiji*. Anschließend sagte er: „*Swâmiji*, mein Sohn ist in Delhi, und du musst ihn aus dem Durcheinander retten, mit dem er zur Zeit kämpft." Mit einem demütigen Lächeln trug der *Swâmiji* ebenfalls den Kegel mit Süßigkeiten.

Sudesh, der berühmteste Bankier der Stadt, klammerte sich an die heiligen Fußsohlen des *Swâmiji*. „Rette unsere Seelen, heiliger *Swâmiji*. Morgen muss mein Bruder einem Untersuchungsausschuss gegenübertreten und seine Erklärungen vortragen. Hole ihn durch deine Gnade aus der gegenwärtigen Krise heraus, genauso wie der große Eber die Erde emporgehoben hat." Bei diesen Worten präsentierte er dem *Swâmiji* zwei rote Gewänder und breitete sie über der wuchtigen Girlande auf dem Buckel des *Swâmiji* aus. Wie ein armes Kätzchen trug sie der *Swâmiji* mit Gelassenheit und seinem sanften Lächeln.

Inzwischen hatten alle den *Swâmiji* zum Haus von Paresh, dem Großhandelskaufmann, geführt, der mit schweren Werkzeugen und Geräten handelte. Unter dem Deckmantel der Hingabe machte sich große emotionale Unruhe breit. Stühle begannen zu schaukeln, Tische fingen an umherzugehen und Teller redeten klappernd miteinander. Menschen strömten zusammen und Türen waren blockiert.

Der *Swâmiji* war erschüttert und sprach in Gedanken zu sich selbst: „Ich wollte nur ein *Guru* sein. Ich wusste nicht, was das eigentlich bedeutet." Von hinten wurde ein gepolsterter Sessel so gegen seine Beine geschoben, dass er schwungvoll, aber unversehrt hineinfallen musste. Trotzdem gelang es ihm, unter der ganzen Last, die er zu tragen hatte, das Gleichgewicht zu halten. Der *Swâmiji* saß, während alle anderen standen. So überragten sie ihn alle und verdeckten ihn von allen Seiten. Der *Swamiji* hatte keine Möglichkeit zu entkommen.

Die frommen Machenschaften seiner Anhänger waren insofern erfolgreich, dass der *Swâmiji* nach Luft ringen musste. Er wollte sprechen und seinen Segen geben, aber niemand war bereit, auf das zu achten, was er sagte. „Es tut mir leid, ich muss einem dringenden Bedürfnis nachkommen", flüsterte der *Swâmiji.*

Jeder war eifrig mit seiner Hingabe beschäftigt, und dem *Swâmiji* blieb nichts anderes übrig, als sich aufzublähen. Schließlich unternahm er einen verzweifelten Versuch, aus dem Sessel aufzustehen und sich hinzustellen. Die Last, die er immer noch trug, rutschte zu Boden und verstreute sich in alle Richtungen. Jedem seiner Anhänger gelang es, ein Stück davon aufzufangen, bevor es den Boden berührte.

Als der *Swâmiji* versuchte aufzustehen, entdeckte er, dass seine Beine vom Boden weggezogen wurden. Seine Verehrer hielten die Lotusfüße des *Swâmiji* fest und hatten sie hoch über den Boden gehoben. Sie wollten die beiden Füße in einen großen, runden Messingteller setzen. Daher standen die Füße im Wasser auf dem Teller, so dass sie überhaupt nicht mehr den Boden berühren konnten. Die gewaltige Menge von Männern und Frauen nahm das Wasser von den Füßen und sprenkelte es sich und den Kindern über die Köpfe. Der *Swâmiji* wartete, bis alle Verehrer das Ritual beendet hatten. Doch die Menschenschlange nahm kein Ende. Durch die Haupt- und Seiteneingänge kamen immer neue Kandidaten, die ihre Gegenwart vor die Füße auf dem Teller brachten. Und siehe da, ein Wunder geschah! Das Wasser in dem Teller vermehrte sich, als die Verehrerschar immer größer wurde. Alle waren sehr stolz auf den *Swâmiji*.

Langsam, aber unaufhörlich wurden die Stimmen bei einer Diskussion in der Nähe des Tellers immer lauter. Jeder wollte das Wasser im Teller in sein Haus und sein Büro bringen. Es gab Streit und Handgreiflichkeiten, in deren Verlauf sich die Verehrer erhitzten. Viele Hände hielten die Füße des *Swâmijis* fest, während viele andere seinen heiligen Körper berührten. Sie hoben seinen Körper zusammen mit dem Wasserteller unter seinen Füßen vom Sessel hoch und trugen die physische Gegenwart des *Swâmijis* auf dem Teller mit sich herum. Plötzlich erhob sich der *Swâmiji*, aber er musste in dem Teller stehen bleiben. Die Leute ließen nicht zu, dass seine Füße den Boden berührten. Um das Gleichgewicht zu halten, musste er sich an zwei oder drei Köpfen festhalten. Er fürchtete um sein Leben.

Unvermutet sprang der *Swâmiji* mit einem Satz hinaus und fand sich in seinem Zimmer auf dem Bett sitzend. Alles war nur ein Traum gewesen! Langsam beruhigte er sich wieder und sprach zu sich selbst: „Ich wollte nur ein *Guru* sein. Jetzt erkenne ich, wie gefährlich das ist. Ich habe Glück, dass mein Experiment mit dem Traum zuende ist."

## Der Herr ist verblüfft

„Denke an mich und meine Flötenmusik. Visualisiere mich als Flötenspieler. Denke an die verschiedenen Arten von Musik, die von meiner Flöte zum Ausdruck gebracht werden. Sie sind in den Herzen der Hörer als die verschiedenen Tendenzen und Entwicklungen des Lebens verborgen. Denke! Ich werde mit dir sein. Nach wie vielen Jahren der Übung wird dies geschehen? Sobald diese Frage dein Denken verlässt, wirst du entdecken, dass ich bei dir bin."

Bei diesen Worten, die der fromme Mann in seinem Traum hörte, wachte er auf. Aus dem Traum der Wirklichkeit erwachte er in die Welt des äußeren Scheins. Sogleich machte er sich auf die Suche und lenkte seine Gedanken in der vorgeschriebenen Weise. Hin und wieder fragte er: „Wie lange wird es dauern, bis ich IHN sehen kann?"

Da sich dies hinauszögerte, visualisierte er den Herrn allmählich immer länger. Schließlich füllte diese Visualisation den ganzen Tag, weil der Tag nur 24 Stunden hatte. Da entschwand die Frage und hörte schließlich ganz auf.

Heilige Pilger betraten seine Einsiedelei und fragten ihn: „Hast du den *Darśan* bekommen?"

Anfangs sagte er: „Nein", aber im Lauf der Zeit antwortete er: „Natürlich nicht."

Nachdem noch mehr Zeit ins Land gegangen war, sagte er: „Ich bin darüber nicht im geringsten beunruhigt. Es macht keinen Unterschied, weil ich immer an Ihn denke. Selbst jetzt denke ich an Ihn als deine Form, die vor mir steht und nach dem Spiel fragt."

„Kannst du nicht wenigstens einmal an ihn denken?", fragte *Rukminî*, und *Krishna* antwortete ihr: „Es reicht, wenn ich weiß, dass du an ihn denkst. Es gefällt mir, dass du daran denkst, nach ihm zu fragen. Ich brauche nicht an ihn zu denken, weil er an mich denkt."

„Das ist weltliche Weisheit, und du bist klug", bemerkte *Rukminî*.

„Es ist so, weil du so denkst", antwortete *Krishna*. Bei diesen Worten schloss *Krishna* seine Augen, und *Rukminî* sah in *Krishnas* Brauenzentrum das Gesicht des frommen *Krishna*-Verehrers.

Ein Junge mit einer Flöte in seinen Händen lief zum Haus des Mannes. Der Junge trug eine Pfauenfeder, eine Brauenmarkierung aus Moschus und eine frische Girlande aus Gartenblumen. Er stand vor seinem Verehrer, lächelte und sagte: „Ich bin gekommen."

Der Mann war ein Zölibatär und durch sein Alter gereift. Er hob seine faltigen Augenbrauen und schaute mit zufriedenem, erfülltem Lächeln. Das Lächeln drückte nichts als Stille aus. Der Herr sagte: „Was wünschst du dir?"

Der Mann antwortete: „Ich habe mir dich gewünscht. Du bist hier. Also wünsche ich nichts."

Da sagte *Krishna*: „Alles von mir ist heilig. Sogar ein Wunsch, der von mir erfüllt wird, ist heilig. Bitte um etwas."

Der Mann lächelte und sagte: „Ich möchte nicht ungehorsam sein. Ich bin alt geworden, und es fällt mir schwer, diesen Faden durch das Nadelöhr zu ziehen. Tue du es für mich. Dann kann ich die Flicken auf meinem Kleid ausbessern."

*Krishna* lächelte, und zwei Tränen glitzerten in seinen Augen wie zwei kleine Diamanten. Als der Junge auf seinen Knien hockte und versuchte, den Faden durch das Nadelöhr zu ziehen, sagte der Mann: „Ich bitte dich auch, nicht wegzugehen. Es sieht so aus, als würdest du unserer Sicht entschwinden, wenn du vor unseren Augen in einer speziellen Form erscheinst. Jetzt möchte ich, dass du in dieser Gestalt hier bleibst."

Der Herr fragte: „Wer hat dir gesagt, dass ich weggehen werde? Für immer und alle Zeit werde ich vor dir gegenwärtig sein. Siehst du mein Gesicht nicht vor dir?"

Da sagte der Mann: „Ich fürchte, dass du wieder verschwindest."

„Tatsächlich? Ich verschwinde?"

„Ja, du verschwindest."

„Wirklich? Verschwinde ich?"

„Ja, du bist verschwunden. Wo bist du? Komm wieder zu mir. Komm und stehe vor mir. Ich kann deine Abwesenheit nicht ertragen."

„Bin ich verschwunden? Ich kann nicht verstehen, ob ich noch da stehe oder verschwunden bin. Da du es sagst, glaube ich jetzt, dass ich verschwunden bin. Ich werde versuchen, wieder vor dir zu stehen."

Der Mann ergriff die Hand des Herrn und sagte: „Du warst verschwunden. Lauf nicht weg. Stehe noch einmal vor mir."

Der Herr nahm die Gestalt der gesamten Schöpfung an und suchte nach sich selbst. Er wollte herausfinden, wie er verschwunden war und wo er sich verborgen gehalten hatte. Das konnte der Herr nicht verstehen und stand verdutzt vor dem alten Mann.

„Behaupte nicht lauthals, dass du verschwunden bist. Du bist hier vor mir", sagte *Rukminî* und lächelte.

# Die Sprache der Planeten

„*Guruji*, ich bin gekommen, um deinen Segen zu erhalten. Hier sind die Horoskope von meinem Sohn und seiner Braut, die für ihn ausgesucht wurde. Die Horoskope wurden zusammengefaltet, nachdem sie mit *Kurkuma* und Sandelholzpaste bestrichen worden sind. Sei so freundlich, sie zu berühren und drücke sie mit deinem Segen zusammen." Appayya legte die beiden Horoskope auf den Altar und stand mit gefalteten Händen gebeugt wie ein Kran.

„Hast du die Braut gesehen? Hast du deinem Jungen erlaubt, sie zu sehen und mit ihr zu sprechen, bevor du die beiden Horoskope zusammengefügt hast?", fragte *Guruji*.

„Ich habe das Mädchen gesehen. Alles ist vorteilhaft. Die ganze Angelegenheit wurde durch die Zustimmung der Familienältesten entschieden."

„Alles ist vorteilhaft! Das klingt, als ob Geld im Spiel wäre. Heutzutage klingt die Rupie schlecht, da die Münze weder Gold noch Silber enthält. Du solltest das Gold der Liebe zwischen dem Paar klingeln hören, bevor du entscheidest. Ich hoffe, du hast dies getan."

„Natürlich, natürlich. In unserer Familie treffen wir, die Ältesten, die Entscheidungen. Die Vereinbarkeit wurde von den Planeten in den Horoskopen entschieden."

„Natürlich! Auf Veranlassung der Ältesten müssen die Planeten die Sache entscheiden, die den Tigerkopf auf dem 100-Rupien-Schein betrifft. Doch es ist weise herauszufinden, ob der Junge das Mädchen mag und das Mädchen den Jungen mag. Das ist die Methode, ihnen im eigentlichen Sinn den Segen zu geben. Ohne dies werden Segenswünsche zu einer Farce. Wie kann ich mit meinem ganzen *Tapas* und meiner Hingabe die Planeten zwingen, günstig zu wirken, indem ich die beiden Horoskope zusammendrücke?"

Dennoch wurde der *Guruji* gezwungen, die Horoskope zusammenzudrücken. Die äußere Zeremonie wurde erledigt und die Heirat durchgeführt. Drei Jahre vergingen.

* * *

„*Guruji*, mit unserer Familie stimmt etwas nicht. Alles, was ich tue, erweist sich als Fehlschlag. Gestern Abend, als ich außer Haus war, erhielt ich eine Eilbotschaft, dass ich sofort nach Hause kommen solle. Im Haus fand ich meinen Sohn allein vor.

Oben am Haus hatte er ein Seil befestigt und wollte sich aufhängen. Mit größter Mühe konnte ich ihn davon abhalten, aber er besteht immer noch darauf, sich das Leben zu nehmen. Er sagt, das Leben sei für ihn bedeutungslos geworden. Ich verbeuge mich zu deinen Füßen, damit du mein *Karma* zu Asche verbrennen mögest."

„Dein *Karma* ist nicht das Problem. Das *Karma* deines Sohnes, das ihn zu deinem Sohn gemacht hat, ist der springende Punkt des Problems. Zuerst aber kannst du sicher sein: Für deinen Sohn besteht keine Gefahr, dass er sich erhängt. Er ist klug genug, seine Absicht, sich erhängen zu wollen, anzukündigen und es dich wissen zu lassen, wenn du weit weg bist. Deshalb besteht keine Gefahr, dass er es tatsächlich tun wird. Es ist nur eine Drohung. Aber was sind die Gründe für sein Verhalten? Ich fürchte, du hast ihn mit einem Mädchen verheiratet, das ihn nicht mochte. Ich glaube, sie wollte einen anderen heiraten. Doch dann kam dieser Saturn in ihrem Horoskop in deiner Gestalt zur Erde herab und brachte die ganze Angelegenheit durcheinander. Bringe deinen Jungen zu mir. Dann werde ich ein Heilmittel herausfinden."

„*Guruji*, mein Junge ist hier. Er wartet draußen. Er sagt, dass seine Frau ihm nicht gehorchen will. Ebenso wenig hat sie die ganze Zeit auf uns, die Älteren, gehört."

„Ich möchte nicht, dass du für deinen Jungen sprichst. Ruf ihn herein. Ich will mit ihm sprechen."

Der Junge wurde hereingeführt, und der *Guruji* fragte ihn, was ihm fehle. Der Junge erzählte: „Am ersten Abend, als wir zusammen waren, schwieg meine Frau lange Zeit. Dann fing sie an zu weinen. Nachdem ich sie wiederholt gefragt hatte, was ihr Kummer bereiten würde, sagte sie, dass sie eigentlich den Sohn ihres Onkels heiraten wollte. Aber die Ältesten hätten das verhindert. Um sich dafür zu rächen, ist sie in keiner Weise kooperativ. Ihre Eltern sagen, dass sie bis zur Heirat in guter Verfassung war. Jetzt denke ich, dass ich mit meinem Leben gescheitert bin. Ich habe kein Interesse mehr am Leben."

Da fragte der *Guruji*: „Mein lieber Appayya, wie wird die Lösung für dieses Problem aussehen? Wie kann man ein Glas davor bewahren, zerbrochen zu werden, wenn es schon zerbrochen ist?"

Mit gefalteten Händen, die er aneinander hin und her rieb, sagte Appayya: „Ich bin sicher, wenn du ein *Navagraha Pûjâ* durchführst, kannst du alles in Ordnung bringen. Ich habe das größte Vertrauen zu dir und zu deinen Kräften. Die Planeten in ihrem Horoskop werden durch deine Kraft verändert. Ich bin bereit, so viel Geld zu bezahlen wie erforderlich ist, um die Planeten günstig zu stimmen."

„Es wird nicht so viel kosten, wie du vom Vater der Braut bekommen hast. Mein armer Appayya, ich wünschte, du wüsstest, dass Planeten nicht bestochen werden können. Sie sind deine Gönner, die im voraus die Botschaft der Zukunft lesen. Wie können sie helfen, wenn du nicht auf sie hörst? Du hast die Horoskope zusammengefaltet und sie mit Sandelholz und *Kurkuma* zusammengeklebt. Somit konnten die Planeten an jenem Tag nicht zu dir sprechen. Als ich für die Planeten sprechen wollte, versuchtest du mich durch Schmeicheleien zum Schweigen zu bringen. Jetzt sind die Planeten wie Hähne, die die Morgendämmerung einer übel geplanten Zukunft hinauskrähen. Die Hähne beginnen zu kämpfen, und die einzige Lösung ist, sie auseinander zu bringen. Das ist eine Lösung für immer und ein Urteil der Planeten. Du solltest so freundlich sein, dem Paar zu erlauben, sich scheiden zu lassen und nach dem Willen der Planeten, der sich durch die Zuneigung der beiden ausdrückt, noch einmal zu heiraten."

„Das ist zu schrecklich. Gibt es keine andere Lösung, die der *Guruji* vorschlagen könnte?"

„Doch, es gibt eine. Gib jedem ein rotes Gewand und fordere das Paar auf, in zwei verschiedenen Einsiedeleien als *Sanyâsis* zu leben. Du kannst wählen, ob du ihnen erlaubst, als Kinder Gottes zu leben, die nach ihrem Wunsch und Willen heiraten, oder Kinder von *Swâmijis* zu werden. Die Entscheidung bleibt deinem gesunden Menschenverstand überlassen."

## Gib dem Schöpfer freie Hand

Die Männer und Frauen hatten gebadet und sich in fromme Gewänder gekleidet. Nun hatten sie sich voller Hingabe in zwei Reihen aufgestellt, um den *Darśan* des heiligen *Swâmiji* zu bekommen. Am Ende der Männerreihe stand eine große, hagere Gestalt mit gefalteten Händen ehrfürchtig und verehrungsvoll nach vorn gebeugt. Obwohl die Reihe der Verehrer mal länger und mal kürzer wurde, blieb die hagere Gestalt immer auf dem letzten Platz stehen. Aus der Entfernung schaute der *Swâmiji* einige Male prüfend zu dem Mann hinüber und stellte jedes Mal fest, dass er an letzter Stelle stand. War es eine Reinkarnation von Abu Ben Adam?

Fünf Tage lang beobachtete ihn der *Swâmiji*, wie er als letzter in der Reihe stand, aber erstaunlicherweise vermisste er ihn am Ende des täglichen *Darśans*. Ihm war es nicht möglich zu begreifen, was der große Mann vorhatte. Wollte er bloß einen *Darśan*, nach dem er sich unbemerkt davonstahl? War er wirklich jemand, der überhaupt nichts wünschte? Da kam dem *Swâmiji* der Gedanke, dass seine Heiligkeit im Begriff war, ein *Dushkarma* zu berühren, wenn er ihn unbeachtet ließ. Ein wirklicher *Swâmiji* hat keine *karmischen* Bindungen. Jetzt war es seine Pflicht, dafür zu sorgen, dass jene seltsame Anziehungskraft zu dem großen Burschen umdestilliert und zu Mitgefühl und Liebe bereinigt wurde. Wie auch immer, in der frommen Haltung des großen Mannes war etwas Heikles.

Aus der Entfernung konnte der *Swâmiji* den Blick des Mannes anziehen. Sogleich hielt er ihn mit den Augen lächelnd fest und winkte ihm freundlich mit seinem Finger. Der große Mann, Sankararao, versuchte dem mitfühlenden Griff des *Swâmiji* mit unruhigen Bewegungen zu entkommen, die einen Anflug von Demut hatten. Es war höchste Zeit, und der *Swâmiji* konnte sich ihm gegenüber durchsetzen. Äußerst widerwillig und mit der Ehrfurcht der Resignation ging Sankararao zu den heiligen Füßen des *Swâmiji*. Er warf sich zu Boden, ohne die beiden heiligen Füße zu berühren, und stand zittern und schwitzend vor Verehrung auf.

„Mein Sohn, was ist los? Ich habe gesehen, dass du jeden Tag gekommen bist. Jeden Tag stehst du am Ende der Reihe und schließlich verschwindest du. Warum kannst du nicht zu mir kommen, um deine Probleme zu klären?" Der *Swâmiji* sprach mit gesundem, ermutigendem Lächeln, das von göttlichem Leuchten erfüllt war.

Sankararao: „*Swâmiji*, wer bin ich, dass ich vor dir stehen kann? Ich bin nicht einmal ein Pünktchen in dieser Schöpfung des viergesichtigen *Brahmâ*. Ich bin der Letzte."

*Swâmiji*: „Natürlich ist es gut, das zu glauben. Gleichzeitig ist es nicht gut, dass du dich selbst beurteilst. Entweder ist es die Pflicht des Schöpfers, dich zu beurteilen, oder die Pflicht anderer."

Sankararao: „Wenn ich glaube, dass ich für irgendjemanden in dieser Welt von Nutzen bin, vergrößert dies das Ego."

*Swâmiji*: „Wenn du glaubst, dass du nutzlos bist, vergrößert es ein noch viel schlimmeres Ego. Sage mir, ob die Form dieses *Swâmiji* etwas für dich tun kann."

Sankararao: „*Swâmiji*, ich möchte dem Herrn dadurch dienen, dass ich unsere Schriften studiere und sie durch meine eigene bescheidene Schriftstellerei verbreite. Ich habe ein paar Bücher über die Botschaft der *Veden* geschrieben. Natürlich sind die Bücher völlig unbedeutend und wertlos.

Ich bin im Zweifel, ob ich das Recht habe, sie den heiligen Füßen des *Swâmijis* zu überreichen."

*Swâmiji*: „In deiner Bescheidenheit bezeichnest du die Bedeutung der *Veden* als wertlos. In dem Augenblick, als du dich mit den *Veden* verbunden hast, wurdest du rein. Wenn du die Vorstellung aufrecht erhältst, dass deine Arbeit wertlos ist, heftest du deine Wertlosigkeit den Schriften an. Lege deine Wertlosigkeit vor dem Altar der *Veden* ab und trage sie nie in die Bücher hinein."

Sankararao: „Zuerst sage mir, ob ich geeignet bin, solche Dinge zu tun. Besitze ich die Reinheit, dass ich versuchen kann, etwas über die *Veden* zu schreiben?"

*Swâmiji*: „Alles entwickelt sich von Gott zum Menschen. In deiner Demut zweifelst du sogar Gottes Klugheit an. Wie konntest du ohne seinen Willen die Idee bekommen, diesen Versuch zu unternehmen?

Es ist sündig, wenn der Mensch Gottes Werk verfinstert, ob das Motiv nun fromm ist oder nicht. Es ist das Ego selbst, wenn sich Demut gegen das Werk Gottes stellt, und diese Auswirkung ist übel Warum denkst du intensiver an dich als an Gott? Wenn Gott erwartet, dass du dich selbst vergessen sollst, stehst du unnachgiebig vor ihm. Solche demütigen Leute bringen den Schöpfer wirklich in Verlegenheit. Tatsächlich werden dem Schöpfer Zweifel kommen, ob er so große Demut empfinden und solche Menschen erschaffen sollte.

Ein Blick durch die Seiten deines Buches überzeugt das Denken, dass es ein würdiger Versuch ist. Du weißt alles über die *Veden*, und du hast ein gutes analytisches und syntheseorientiertes Verständnis der Schriften. Das bedeutet, dass *Saraswatî* mit dir ringt, um sich durch dich zum Ausdruck zu bringen. Deine Demut kämpft mit ihr und versucht, sie beiseite zu schieben, und auch das geschieht gegen den Willen des Herrn. Wirklich, solche Leute sind Teile des achten Weltwunders.

Wenn du Gott dienen möchtest, folge ihm treu und gestatte ihm, seine Absicht durch dich auszudrücken. Fürchte nicht, dass du in der Öffentlichkeit bekannt wirst. Die Öffentlichkeit möchte immer etwas Gutes. Sie wartet auf Anweisungen von Menschen, die sich Gott geweiht haben, und sie hat einen Instinkt, jenen Anweisungen zu folgen, wenn sie zum rechten Zeitpunkt kommen. Wenn du an der Öffentlichkeit zweifelst, dann stellst du den Schöpfer selbst in Frage. Wenn du an dir selbst zweifelst, dann stellst du die Absicht Gottes in Frage. Kriminelle schämen sich nicht zu denken, dass sie im Recht sind. Warum sollten dann gute Menschen sich davor drücken zu denken, dass ihre Arbeit gut ist? Berühmtheit und ein großer Name sind Hindernisse für jene, die ihr Ego bewahren. Bei dir, einem Nachfolger Gottes, wird die Berühmtheit dazu dienen, Gottes Werk und nicht das Deine zu verbreiten. Lass dein Ego los und lass Gottes Absicht durch dich wirken. Gib dem armen Schöpfer freie Hand!"

„Er ist ein *Sanyâsin* und besitzt nichts. Er braucht nicht einmal ockerfarbene Gewänder und trägt nur ein Leinentuch. Hin und wieder taucht er in den Wäldern in der Nähe unseres Dorfes auf. Er ist mit wunderbaren Kräften ausgestattet. Trotzdem benutzt er sie nur, um die Kranken zu heilen und nicht, um sich selbst bekannt zu machen", sagte Murali Krishna.

Subba Rao bezweifelte dies: „Bist du, was diese Kräfte des *Sanyâsin* angeht, ganz sicher? Vielleicht besitzt er sie gar nicht, wie du glaubst. Solche Menschen sprechen nicht über das, was sie nicht wissen, sondern sie schweigen lieber. Und Leute wie du halten sie für *Yogîs* und werden getäuscht."

Doch Murali Krishna wollte dem nicht zustimmen. Er sagte: „Es ist nicht meine Art, über Dinge zu kontemplieren, die außerhalb meines Blickfeldes liegen. Ich glaube an ihn, da ich mit dem, was mir offenbart wurde, zufrieden bin. Der *Sanyâsin* hat viele chronische Krankheiten geheilt und dafür ein paar Kräuter benutzt. Du siehst, ich bin kein Narr, der sich durch den äußeren Anschein täuschen lässt.

Ich spreche aus eigener Erfahrung. Bis vor vier Jahren hatte ich Halsprobleme. Ich war bei vielen Ärzten und habe eine Menge Medikamente geschluckt. Sogar eine Gewebeprobe aus meinem Rachen wurde untersucht, aber alles nützte nichts. Ich wollte mich nicht operieren lassen und verabschiedete mich von den Ärzten. Eines Tages begegnete ich im nahegelegenen Wald dem *Sanyâsin*. Er lächelte mich an, bat mich, den Mund zu öffnen und gab etwas Pulver aus Kräutern hinein. Du magst es glauben oder nicht – seit jenem Tag habe ich keine Schmerzen mehr.

Vielleicht hältst du es für ein Ammenmärchen, aber für mich ist es vollkommen wahr und wirklich. Wie auch immer, diese Erörterung zwischen uns ist sinnlos, da ich ihn kenne und du nicht. Und ich will nichts mehr von deiner Meinung hören", sagte Murali Krishna abschließend.

Aber Subba Rao wollte das Thema nicht beenden. Nachdem er eine Weile nachgedacht hatte, sagte er: „Du denkst also, dass dein *Sanyâsin* einen anderen Menschen vollkommen durchschauen kann. Ist dir schon der Gedanke gekommen, dass dies eventuell auf einer Kraft beruhen kann, die man *Karna Pisâchî* nennt? Das ist nichts anderes als das, was die Psychologie als Gedankenlesen bezeichnet."

„Können deine sogenannten Psychologen Gedanken lesen?", fragte Murali Krishna.

„Oh nein! Sie können nur die Theorie dazu darlegen. Mit Sicherheit können sie es nicht. Und dieser Mann – heilt er wirklich jeden? Was glaubst du, gewinnt er dadurch?", fragte Subba Rao.

Seine Hartnäckigkeit veranlasste Murali Krishna zu der Bemerkung: „Schon gut, schon gut. Wenn du kannst, geh und prüfe nach, was der *Sanyâsin* dadurch gewinnt. Geh nicht von ihm weg, wenn du es für gewinnbringend hältst. Ich glaube an ihn, da mir seine Heilung gut getan hat. Würde ich versuchen, in seine Motive und Heilmittel einzudringen, dann würde ich mich selbst herabsetzen", antwortete Murali Krishna und ging weg.

* * *

Eines Tages begegnete Subba Rao dem *Sanyâsin* im Wald und begann ihn sogleich mit Fragen zu bombardieren.

„Oh, ich habe auf dich gewartet. Weißt du, woran ich leide? Kannst du mich heilen? Falls du es kannst, wäre dies eine Herausforderung für die Ärzte, die es nicht geschafft haben. Dir würde es zugleich Ruhm und Anerkennung einbringen." Ehe Subba Rao zuende sprechen konnte, sagte der *Sanyâsin*: „Heißt du nicht Subba Rao? Kannst du für dieses Medikament deinen Mund aufmachen, bevor ich gehe?"

Bei diesen Worten ging er weiter, ohne auf Subba Rao zu warten. Subba Rao befand sich in einem Dilemma. Sollte er jenem *Sanyâsin* vertrauen und seinen Mund aufmachen oder nicht? Er konnte sich durchringen und öffnete seinen Mund. Der *Sanyâsin* gab ihm etwas Pulver hinein und forderte ihn anschließend auf, sich zu seinen Füßen zu verneigen.

„Warum?", fragte Subba Rao.

„Es ist zu deinem Besten", sagte der *Sanyâsin* und war bereits im Begriff, sich rasch zu entfernen.

Schon wieder saß Subba Rao in der Klemme. „Wie soll ich diesem Mann zu Füßen fallen? Nicht einmal größere Seelen habe ich jemals in meinem Leben gegrüßt. Wie könnte ich es jetzt tun?" Doch ein Hoffnungsfunke flackerte in seinem Denken auf: „Es könnte doch sein, dass das Pulver alle meine Krankheiten tatsächlich beseitigt." Als er so dachte, fiel er der Länge nach zu Füßen des *Sanyâsin*, da niemand in der Nähe war, der diese

Zurschaustellung von Demut beobachten konnte. Aber der *Sanyâsin* schritt über seine ausgestreckten Arme hinweg, während Subba Rao noch am Boden lag. Das brachte ihn vollends in Wut.

Es dauerte nicht einmal zwei Wochen, bis Subba Rao sich besser fühlte und bald ganz gesund war. Das überraschte ihn: „Wer braucht noch diese Ärzte, wenn der *Sanyâsin* jede Krankheit mit einer kleinen Menge Kräuterpulver heilen kann? Wie viel Geld könnte kassiert werden, wenn der *Sanyâsin* anfangen würde, Gebühren zu nehmen?"

Subba Raos gottloses Denkvermögen begann angestrengt zu überlegen. „Dieser Bursche besitzt keinen gesunden Menschenverstand. Doch wenn ich von ihm Gebrauch machen kann, werde ich reich und berühmt", dachte er.

Subba Raos Dorf war voller politischer Machenschaften, und er trug dazu bei, die Spaltungen zwischen Kasten und Religionen zu vergrößern. Bevor Subba Rao geboren wurde, gab es Kasten, aber keinen Kasteismus, es gab Religionen, aber keine Fanatiker. Als er heranwuchs, schuf er Differenzen zwischen Klassen und Kasten. Jetzt plante er, den *Sanyâsin* als Werkzeug für seine verruchten Pläne zu benutzen.

Murali Krishna war damit nicht einverstanden. Heftig widersetzte er sich Subba Rao. Doch es gelang Subba Rao tatsächlich, den *Sanyâsin* hin und wieder auf das Dorfgelände zu bringen, damit er verschiedene Krankheiten heilte. Subba Rao redete nur mit jenen Leuten, die seiner Klasse, Kaste und Gruppe angehörten, und bot ihnen an, sich vom *Sanyâsin* heilen zu lassen. Wie üblich wurden sie von ihm geheilt. Später kassierte Subba Rao von jedem 50 Rupien.

Eines Tages nahm er einen Fünf-Rupien-Schein, bot ihn dem *Sanyâsin* an und sagte, davon könne er sich ein paar Bidis kaufen. Der *Sanyâsin* bat um eine Schachtel Streichhölzer. Er rollte den Fünf-Rupien-Schein zusammen, zündete ihn an und lächelte Subba Rao an. Seitdem bot Subba Rao ihm nichts mehr an.

Sechs Monate vergingen. Auch die Leute aus den Nachbardörfern kamen nun zu dem *Siddha*. Eines Tages kam ein Mann aus einer Gruppe zum *Siddha* und stach ihn nieder. Mit einem Lächeln auf seinem Gesicht fiel er hin und starb. Alle Anwesenden fingen an, auf den Mann einzuschlagen.

Später fand man heraus, dass Subba Rao diesen Mord angeordnet hatte, da der *Siddha* Menschen heilte, die nicht zu Subba Raos Gruppe gehörten. Er heilte sogar dessen Gegner. Das konnte Subba Rao nicht ertragen.

Dorfbewohner stellten in den Wäldern eine Statue des *Siddha* auf. Fortwährend wurde Holz in das Feuer geworfen, das vor der Statue brannte. Vorübergehende nahmen ein bisschen von der Asche, fielen vor der Statue nieder und gingen mit Tränen in den Augen weiter. Sie glauben, dass die Asche alle Leiden heilt. Frauen bringen ihre Kinder zu der Statue, geben ihnen den Namen Siddhappa und gehen wieder.

## Das Angebot

„Ich grüße dich, Meister."

„Gott segne dich, mein Kind. Komm her, setz dich. Bist du von weit her gekommen?"

„Ja, Meister. Aber wie kann ich an die Entfernung denken, wenn ich etwas anderes in meinem Denken habe?"

„Das ist weise bemerkt, obwohl du noch jung bist. Was möchtest du von mir?"

„Meister, du stehst in dem Ruf, ein Weiser zu sein, der die Vergangenheit, die Gegenwart und die Zukunft lesen kann. Du bist auch in den Kompliziertheiten des Selbst, des *Âtman*, bewandert."

„Sehr gut. Jetzt verstehe ich dein Interesse an dem Selbst und auch deine Achtung vor mir."

„Meister, ich bin nicht gekommen, um dich einfach nur zu sehen, sondern ich möchte dein Schüler sein, um über das *Âtman* zu lernen."

„In Ordnung. Aber würdest du etwas für mich tun, bevor du mein Jünger wirst?"

„Ja, Meister."

„Es ist eine sehr kleine Aufgabe. Geh in dieser Gegend herum und bringe mir etwas, das du für wertlos hältst. Dann werde ich anfangen, dich zu unterrichten."

„In Ordnung, Meister. Ich werde schnell zurück sein."

Der Jünger war glücklich, weil sein Meister ihn gebeten hatte, etwas sehr Einfaches zu bringen. Zufällig traf er auf eine Kuh. Die hielt er für wertlos und wollte sie deshalb zu seinem Meister mitnehmen. Da hörte er eine Stimme, die ihn begrüßte. Er war überrascht.

Die Kuh sagte: „Denkst du wirklich, dass ich ein wertloses Wesen bin? Ich gebe dir doch Milch, die sehr wertvoll ist. Ihr Menschen seid von mir abhängig, weil ihr Kaffee, Joghurt, Käse, *Ghî* und Butter braucht. Wie kannst du mich da für wertlos halten? Mir gefällt dein Gedanke überhaupt nicht."

Der Jünger erkannte, dass die Kuh recht hatte: „Wie kann eine Kuh wertlos sein, wenn die Menschen so viele Vorteile durch sie haben?" Er ließ die Kuh gehen und suchte von neuem nach dem, worum ihn sein Meister gebeten hatte. Da fiel ihm trockenes Gras ein, und er beschloss, es seinem Meister zu bringen.

Auf einmal hörte er das Gras sprechen: „Ich bin nicht glücklich darüber, wie du von mir denkst.

Du lässt die Kuh gehen, weil sie dir gute Dinge zum Essen gibt. Aber weißt du, was die Nahrung der Kuh ist? Sie lebt von mir. Wie unwissend du doch bist!“

Der Jünger dachte auch darüber nach und erkannte seinen Fehler. So lernte er den Wert kennen, den sogar Gras hat.

Er suchte weiter nach dem wertlosen Ding, um das ihn sein Meister gebeten hatte, und entdeckte einen Misthaufen. Den wollte er mitnehmen.

Da begann der Misthaufen zu ihm zu sprechen: „Mein Sohn, du hast unrecht, wenn du mich als wertlos betrachtest. Ich werde gebraucht, um die Felder zu düngen, die dir Getreide und Gras geben. Weißt du nicht, dass die heilige Asche, die du auf deine Stirn streichst, aus mir gemacht wird?“

Nun dachte der Jünger auch von dem Misthaufen besser. Ihm kam der Gedanke, dass menschlicher Abfall nicht so wertvoll sei wie der Abfall der Tiere. Aber selbst der menschliche Abfall protestierte dagegen und sagte, dass er einmal gutes, reichhaltiges Essen gewesen sei, ehe der Mensch es verzehrt habe. In seinen gegenwärtigen Zustand sei er durch seine Verbindung mit dem Menschen gekommen. Er forderte den Jünger heraus zu prüfen, was wertlos sei – er oder der Jünger.

Da verstand der Jünger, dass nichts wertloser war als der Mensch selbst. Ebenso erkannte er, warum ihm sein Meister diese Aufgabe gegeben hatte. Er ging zurück, um sich selbst seinem Meister anzubieten.

# Anlage

## I. Glossar der Sanskrit-Begriffe

Für die Aussprache der im Buchtext kursiv geschriebenen Sanskrit-Begriffe sind die folgenden Regeln zu beachten:

- Die Vokale *â* (= *aa)*, *î* (= *ii,* englische Schreibweise = *ee*) und *û* (= *uu,* englische Schreibweise = *oo*) sowie die Diphthonge *e, o, ai* und *au* sind immer lang;

- *j* wie „dsch“: *Janaka* („Dschanaka“), aber *jn* wie „gnj“: *Âjnâ* („Aagnjaa“);

- *y* wie „j“: *Yoga* („Joga“);

- *v* (manchmal *w* geschrieben) wie „w“: *Veda* („Weda“), *Saraswatî* („Ssarasswatii“);

- *c* (meist *ch* geschrieben) wie „tsch“: *Chela* oder *Cela* („Tscheela“);

- *s* als dentaler Zischlaut (Zahnlaut) wie „ss" oder „ß": *Samsâra* („Ssamssaara");

- *ś* (häufig auch *sh* geschrieben) als lingualer Zischlaut (Zungenlaut) zwischen „sch" und „s" wie in „Stein": *Śiva* oder häufig auch *Shiva* geschrieben (zwischen „Ssiwa" und „Schiwa");

- *sh* als palataler Zischlaut (Gaumenlaut) wie „sch": *Krishna* („Krischna");

- *h* (bh, ch, dh, gh, jh, kh, ph, th) als deutlich hörbarer Hauchlaut: *Buddha* („Budd-ha");

*Ashram*: Eine subjektive Verschmelzung von Seelen, die zu Dienstzwecken versammelt wurden und auf ein gemeinsames Zentrum gerichtet sind . . . . . . 74, 91, 98ff, 196, 204

*Âtman*: Das wirkliche Selbst; die dem Menschen innewohnende Göttlichkeit . . . . . . . . . . . 269

*Avatâr*: Eine Inkarnation des Herrn; wörtlich: jemand, der herabsteigt . . . . . . . . . . . . . 68, 70

*Âyurveda*: Wörtlich: *Âyus* = Leben und →*Veda* = Lehre, Wissen; traditionelle indische Medizin . . . . . . . . . . . . . . . . . . . . . . . . . . . . 224

*Balakrishna*: Name eines Heiligen . . . . . . . . 186

*Bhagavad Gîtâ*: Das Lied des Herrn; umfassende Lehre von Lord →*Krishna*. Die *Bhagavad Gîtâ* besteht aus 18 Kapiteln und ist im 6. Buch des *Mahâbhârata* enthalten. Sie offenbart die wahre Natur des Menschen, seine Stellung im Kosmos und seine Beziehung zu Gott. . . . . . . 102f

*Bhajan*: Devotionaler Gesang . . . . . . . . 66, 121

*Bhakta*: Devotee; jemand, der sich hingibt . 104

*Bhakti*: Weg der Hingabe, bis zur völligen Selbstaufgabe des Schülers. Dieser Weg wird als der größte aller spirituellen Pfade betrachtet. . 87

*Bharat*: Das alte Indien, benannt nach dem König 'Bharat' . . . . . . . . . . . . . . . . . . . . . . 60, 69

*Brahmâ*: Der Schöpfer; dritter Logos. Er steht für den Aspekt der intelligenten Aktivität. Der Zyklus einer Schöpfung sind 100 Jahre *Brahmâs*, wobei 1 Jahr *Brahmâs* = 360 *Kalpas* = 14 x 360 *Manvantaras* = 14 x 360 x 72 *Mahâ Yugas* entspricht. . . . . . . . . . . . . . . . . . . . 258

*Brahman*: Die Universalseele; der absolute Gott, in dem alle Schöpfungszustände stattfinden und aufgehen. Es ist die höchste Vorstellung von Gott, die ein erschaffenes Wesen je begreifen kann. . . . . . . . . . . . . . . . . . . . . . . . . . . . 22f

*Brâhmane*: Einer, der göttliches Wissen besitzt; Angehöriger der höchsten Hindukaste . . . . . . . . . . . . . . . . . . . . . . . . . 66f, 166, 223, 239

*Brahma Vidya*: Spirituelle Weisheit; die Weisheit des Logos; auch die Weisheit der →*Veden* 89

*Buddha*: 'Der Erwachte'; ein erleuchtetes Wesen. Eine supra-kosmisches Intelligenz, die über eine Schöpfungseinheit herrscht. . . 140, 143f, 235

*Chela*: Jünger . . . . . . . . . . . . . . . . . . . . . . 195

*CVV*: Der Meister des Wassermann-Zeitalters . . . . . . . . . . . . . . . . . . . . . . . . . . . 115, 119

*Dakshinâ*: Opfergabe . . . . . . . . . . . . . . . . . 108f

*Darśan*: Segen, Audienz; Vision . . . . . . . . . . . . . . . . . . . . . . . . . 21, 73, 123, 161, 246, 256

*Hari, Hare*: Universales Bewusstsein, Gott in der Schöpfung, der innewohnende Gott in allem was ist; Gesang der Befreiung, an die innere Energie gerichtet . . . . . . . . . . . . . . . . 44, 105

*Janaka*: Großer selbstverwirklichter König, der in der Hauptstadt →*Videha* regierte . . . . . . . 20ff

*Kali*: Die Personifizierung des *Kali*-Zeitalters (*Kali Yuga*); das vierte der vier *Yugas*. Es ist die Einheit für Zeitzyklen von 432 000 Sonnenjahren . . . . . . . . 65, 68, 71, 134, 136, 139, 176

*Kâma*: Das Verlangen; ein Impuls für die erste Ursache der Schöpfung . . . . . . . . . . . . . . . . . . 77

*Karma, karmisch*: Handlung; die Kettenreaktion der gesamten Schöpfung . . . . . . . . . . . . . . . . . . . . . . . . . . . 40, 77, 123, 175, 252, 257

*Karna Pisâchî*: Gedankenlesen . . . . . . . . . . 263

*Kastûrî Tilak*: Brauenmarkierung . . . . . . . . . 189

*Khâdi*: Edle bestickte Kleidung . . . . . . . . . . 192

*Khâdi Lalchi*: Schmuckstück . . . . . . . . . . . . . 37

*Kishkindhâ Kânda*: Name des 4. Buches des →*Râmâyana* . . . . . . . . . . . . . . . . . . . . . . . . . 191

*Krishna, Srî Krishna*: Name einer Inkarnation des Einen; *der* achte →*Avatâr* von →*Nârâyana* . . . 43ff, 89, 92, 148ff, 158, 185, 189, 235, 246f

*Krodha*: Böswilligkeit, Ärger, Zorn . . . . . . . . 77

*Kum-Kum*: Ein Pulver, das für die Brauenmarkierung verwendet wird. . . . . . . . . 55, 115, 119

*Kurkuma*: Gelbwurz . . . . . . . 55, 181, 250, 254

*Lakshmana*: Jüngerer Bruder und Begleiter von Lord →*Râma* . . . . . . . . . . . . . . . . . . . . 67, 69

*Lalita*: Die Göttin der Schönheit und Gnade; ein Symbol der Weltmutter . . . . . . . . . . . . . . 181

*Lankâ*: Symbol für den Körper. Wir sind Gefangene der Insel *Lankâ*, d. h. von den niederen Energiestrudeln des Solarplexus, Sakral- und Basiszentrums gebunden, wenn wir von Formen angezogen werden . . . . . . . . . . . . . . 70

*Mahârâj*: Großer König, Ehrentitel für politische und spirituelle Führer . . . . . . . . . . . . . . . . . 97

*Mahâtmâ*: Wörtlich: *Mahâ* = groß und →*Âtma* = Seele; Lebewesen mit dreiteiligem Körper: 1. physischer Körper, 2. Körper von feinstofflichem goldenen Glanz und 3. Körper von strahlend diamantenem Glanz . . . . . . . . . . . . . 12

*Mandir*: Schrein, Altar, Tempel, Heiligtum . 184

*Mangalya*: Ein glückverheißendes Objekt . . 215

*Mantra, Mantram, Mantren*: Wörtlich: *Man* = Geist und *Tra* = Befreiung; eine Klangformel. Wird die Klangformel richtig intoniert, manifestieren sich Energien, die den Geist von seinen materiellen Neigungen reinigt . . . . . . . . . . . . . . . . . . . . . . . . . . . . . 16f, 105, 107f, 148ff, 185f

*Mara*: Der Engel des Wunschdenkens, auch als Engel des Abstiegs bezeichnet. Er verkörpert das Wunschdenken als wesentlichen Schritt, der der Schöpfung eines Universums oder eines Individuums vorausgeht. Daher wird er als Kind →*Vishnus* beschrieben. . . . . . . . . . . . . . . 147

*Mâyâ*: Wörtlich: *Ma* = nicht + *Ya* = DIESES; Illusion . . . . . . . . . . . . . . . . . . . . . . . . . . 135

*Muhûrtha*: Wörtlich: Moment; die Zeitspanne von 48 Minuten, dem 30. Teil eines Tages . . . 137

*Nâdi*: Wörtlich: Kanal. Die Energiebahnen im subtilen Körper des Menschen, die die *Chakras* verbinden. *Idâ, Pingalâ* und *Sushumnâ* sind die drei Hauptkanäle . . . . . . . . . . . . . . . . . 6, 80ff

*Nâdi Granth*: Wörtlich: 'Knoten' und →*Nâdi*; Buch über die →*Nâdîs* (Palmblätter) . . . 6, 161, 167

*Namasankîrthan*: Ehrerbietiger Gesang (→*Sankîrthan*) . . . . . . . . . . . . . . . . . . . . . . . . . . 121

*Namaskâra*: Ehrerbietige Begrüßung . . 119, 123

*Namaste*: Ehrerbietige Begrüßung an eine Person . . . . . . . . . . . . . . . . . . . . . . . . . . 43, 239

*Nârâyana*: Kosmischer Wille; der absolute Herr, der als →*Râma* und →*Krishna* inkarnierte . . 57

heit (→*Dharma*). Der Weltlehrer vor →*Krishna*. .......... 66ff, 105, 191, 217, 223, 235

*Râmâyana*: Episches Gedicht zur Geschichte des Menschen, der das Herabkommen der Sonnenenergie verkörpert ........... 68ff, 191

*Râsalila*: Tanz, ausgeführt von →*Krishna* und den →*Gopîs* ........................... 190

*Rukminî*: Frau von Lord →*Krishna* .... 247, 249

*Sâdhu*: Heiliger, Seher, Gottgeweihter .. 12, 92ff

*Samsâra*: Der endlose Kreislauf von Geburt und Tod, solange der Mensch sich mit dem Körper und dem Handeln identifiziert und in Nichterkenntnis seiner wahren Identität lebt; die selbst verursachte Haltung des Verhaftetseins in Beziehungen und Besitztum ........................ 15, 74, 76, 104, 193, 196

*Sankîrthan*: Heiliger Opfergesang ... 121ff, 125f

*Sanyâsi*: Bettelmönch, der weltlichen Dingen entsagt hat .. 5, 11, 14f, 20ff, 74, 233, 255, 262ff

*Saraswatî*: Die Göttin der Sprache, die im Mikrokosmos und im Makrokosmos über die Verkörperung 'des Wortes' herrscht. Auch der Name eines Flusses in →*Prayâga* ....... 260

*Śâstra*: Regeln, religiöse oder wissenschaftliche Anweisungen .............. 136, 148, 151

*Siddha*: Ein Vollkommener; jener, der Perfektion im →*Yoga* erreicht hat . . . . . . . . . . . . . . 267f

*Siddhi*: Vervollkommnung . . . . . . . . . . . . . . . 96

*Sindûr*: Rotes Grafit . . . . . . . . . . . . . . . . . . . 181

*Sîtâ*: Gefährtin von →*Râma*, repräsentiert im →*Râmâyana* die Seele im Körper (→*Lankâ*) 67, 69

*Śiva*: Das verschmelzende Prinzip Gottes, erster Logos; der 'Zerstörer'. Er steht für den Willensaspekt. . . . . . . . . . . . . . . . . . . . 65ff, 137

*Śrî*: Herr, ehrwürdige Anrede, beispielsweise *Śrî* →*Krishna* . . . . . . . . . . 46, 65f, 148, 181, 191

*Sudharśan*: Das göttliche Rad als Symbol für Vollendung . . . . . . . . . . . . . . . . . . . . . . . . . 190

*Swâmi, Swâmiji*: Ehrentitel für einen verwirklichten Menschen . . . . . . . . . . 11, 16f, 56ff, 73ff, 85ff, 98ff, 107f, 134, 137ff, 151f, 239ff, 255ff

*Tapas*: Feurige Aspiration . . . . . . . . . . 193, 251

*Tathägata*: Jemand, der ein Leben wie →*Gautama Buddha* führt . . . . . . . . . . . . . . . 141, 146f

*Upanishade*: Philosophische Teile der →*Veden* . . . . . . . . . . . . . . . . . . . . . . . . . . . . . . 102

*Vairâgya*: Nichtverhaftetsein . . . . . . . . . . . . . 196

*Vâlmîki*: Verfasser des →*Râmâyana* . . . . . . . 192

*Veda, Veden, vedisch*: Weisheit, die das göttliche Wissen, das im menschlichen Denken aufleuchtet in Sprache und Schrift fasst. Der Begriff *Veda* bezeichnet ursprünglich das, was sich durch die *vedischen* Texte zum Ausdruck bringt und nicht die Texte selbst. . . . . . . . . . . . . . . . . . . . . . 26, 66f, 87, 89, 102f, 258ff

*Videha*: Die Hauptstadt von König →*Janaka;* allgemein auch ein körperloses Wesen . 20f, 28

*Vishnu*: Die kosmische Form der Natur; das alles durchströmende Prinzip Gottes; zweiter Logos; der 'Erhalter'. Er steht für den Aspekt der Liebe-Weisheit . . . . . . . . . . . . . . . . . . . . . . . . . 67f

*Yama*: Der Herr des Todes; erster Schritt des achtfachen →*Yoga*-Pfades von *Patanjali*, der die Regulierung der physischen, ätherischen und astralen Ebene sowie der niederen Mentalebene des Jüngers einschließt . . . . . . . . . . . . . . . 131

*Yoga, yogisch*: Synthese, Eins-Sein, Vereinigung. Die Ausübung der Meditation als ein Mittel, um spirituelle Befreiung zu erlangen. . . . . . . . . . . . . . . . . . . . . 6, 12, 85, 102f, 221, 233ff

*Yogî*: Ein in Synthese lebender Mensch 235, 262

## II. Über den Verlag

Die Edition Kulapati arbeitet im Rahmen des WORLD TEACHER TRUST, um Menschen Zugang zur zeitlosen Weisheit anzubieten. Der WORLD TEACHER TRUST wurde im Jahre 1971 von Dr. Ekkirala Krishnamacharya in Visakhapatnam (Indien) ins Leben gerufen. Heute ist Dr. K. Parvathi Kumar Präsident des internationalen WORLD TEACHER TRUST. Mehr als 18 Jahre arbeitete er mit Dr. Ekkirala Krishnamacharya zusammen und begleitete ihn auf seinen Reisen durch Europa.

Um die geistige Synthese zwischen Ost und West zu fördern, wurde der WORLD TEACHER TRUST auch in Europa gegründet. Die Edition Kulapati veröffentlicht die deutschen Übersetzungen der Bücher dieser beiden großen Lehrer der spirituellen Wissenschaften.

Die Veröffentlichung der Bücher wird durch freiwillige Mitarbeit von Personen ermöglicht, die dem WORLD TEACHER TRUST nahestehen. Die Einnahmen aus der Verlagstätigkeit werden nur für die Veröffentlichung neuer Bücher und für Folgeauflagen verwendet. In deutscher Übersetzung sind bisher die folgenden Bücher erschienen.

Ekkirala Krishnamacharya:

- Der Yoga des Patanjali (Gesamtausgabe mit Teil 1 und Teil 2)
- Die Weisheit des Pythagoras
- Die Wissenschaft der Homöopathie
- Einweihung
- Mandra Gita – Eine Bhagavad Gita für das Wassermannzeitalter
- Meditation zum Vollmond
- Musik der Seele
- Mystische Mantren und Meister CVV
- Spirituelle Astrologie
- Spirituelle Psychologie

K. Parvathi Kumar:

- Ashram Leaves – Blätter aus dem Ashram
- Das Wassermannkreuz
- Dattatreya – Symbol und Bedeutung
- Der Ätherkörper
- Der Meister des Wassermann-Zeitalters
- Der Weg zur Unsterblichkeit – Das Venusprinzip

- Die theosophische Bewegung
- Herkules – Der Mensch und das Symbol
- Jupiter
- Mantren – Bedeutung und Anwendung (mit zwei CD)
- Meister EK – Der Lehrer des neuen Zeitalters
- Mithila – Grundlagen einer spirituellen Erziehung
- Sankhya – Die heilige Lehre
- Saraswathi – Das Wort
- Saturn
- Shirdi Sai Sayings – Worte der Weisheit
- Spiritualität und Geschäftswelt
- The White Lotus – Der weiße Lotus
- Vidura, Lehren der Weisheit
- Wege zum Heilen
- Zeit – Der Schlüssel

Die Bücher können über den Buchhandel bezogen werden oder direkt beim Verlag:

Edition Kulapati
Bachstraße 20
D-42929 Wermelskirchen

Internet: www.kulapati.de
E-Mail: wtt@kulapati.de
Telefax: 0049-2196-91166